U0902595

荀子

卷贰（共叁卷）

荀子

卷[illegible]

【原文】

富國篇第十

萬物同宇而異體，無宜而有用爲人，數也。人倫並處，同求而異道，同欲而異知，生也。皆有可也，知愚同；所可異也，知愚分。埶同而知異，行私而無禍，縱欲而不窮，則民心奮而不可説也。如是，則知者未得治也；知者未得治則功名未成也；功名未成則羣衆未縣也；羣衆未縣則君臣未立也。無君以制臣，無上以制下，天下害生縱欲。欲惡同物，欲多而物寡，寡則必爭矣。故百技所成，所以養一人也。而能不能兼技，人不能兼官，離居不相待則窮，羣而無分則爭。窮者患也，爭者禍也，救患除禍，則莫若明分使羣矣。彊脅弱也，知懼愚也，民下違上，少陵長，不以德爲政，如是，則老弱有失養之憂，而壯者有分爭之禍矣。事業所惡也，功利所好也，職業無分，如是，則人有樹事之患，而有爭功之禍矣。男女之合，夫婦之分，婚姻、娉內、送逆無禮，如是，則人有失合之憂，而有爭色之禍矣。故知者爲之分也。

【译文】

万物并存于宇宙之中，它们虽然形体各不相同，却各有各的用处；万物恰巧能满足人的各种需要，这似乎是天然命定的事情。人类群居在一起，他们有大致相同的追求而各自所追求的价值却各有不同，基本的需要人们大致相同，而人们的知识智慧却各有不同，这是人的本性。每个人都有自己的价值偏好，这是智者和蠢人的相同之处；但每个人所认可的价值物却又各不相同，这就又把智者和蠢人区别开来。地位相同的人智慧却可能各不相同，如果任由人们各自谋取私利而不受惩罚，随心所欲而求取无度，人们会一个个奋起而争夺，以满足自己的私欲，这样人们也就谁也过不上愉悦的生活。如果这样的话，有智慧的人也无从对社会进行治理；有智慧的人不去治理，他们的功业和名望就不能成就；智者的功业名望得不到成就，人群就会乱哄哄无所悬系；人群如果无所悬系而失去了秩序，君臣关系也就无法确立。如果没有君主来统制臣子，没有上级来控制下级，天下就会因为每个人都为所欲为而导致祸害不断发生。人们所需要和所厌弃的东西是大致相同的，可是，这个世界上似乎总是需要很多东西，而能够满足需要的东西却又总是很少；东西少而需要多就一定会发生争夺。人们之间有一定的分工，所以，用来满足一个人需求的东西，总是由各行各业的许多人制成的。一个人不可能同时精通所有的技艺，一个人不可能同时从事所有的职业；所以，人如果离群索居而不相互合作就会使所有的人陷入困境。如果人们选择了群居而又没有名分规定和分工，那就不可避免地将要发生激烈的争夺了。陷于困境，是人们都不愿意看到的；相互之间你争我抢，对每个人来说都是一种灾难。如果人们想要过一种没有忧患而又能免除灾难的生活，没有比明确各人的名分以便有所分工更好的了，因为只有这样才能使人们结

合成社会群体。如果社会上总是以强凌弱，聪明的善人害怕愚昧的暴徒；下民违抗君上，年轻的欺凌年老的；社会不能根据礼义道德来形成有序的社会生活，常此以往，年老体弱的就会因无人赡养而忧患不堪；而身强力壮的也会因为社会无序而相互分裂相互争夺，从而陷入无穷无尽的祸乱了。人们都厌恶做事干活，人们都喜欢功名利禄；如果各人的职业没有名分规定，这样下去，人们就会因为什么事情都办不成而忧心忡忡，因为相互之间你争我夺而使人们的劳碌相互抵消而陷入无穷无尽的祸乱了。比如，男女要结合，夫妇要有别；这就需要男婚女嫁，婚嫁时需要定亲送礼，送女迎妻等程序；如果这些事情没有一定的礼制规定和程序，那么人们就会因为男不能婚女不能嫁而忧患不已，其结果就会导致男人为了争夺女色而陷入相互残杀了。所以，有智慧的人们为了上述原因制定了名分制度。

【原文】

足國之道，節用裕民而善臧其餘。節用以禮，裕民以政。彼裕民，故多餘；裕民則民富。民富則田肥以易，田肥以易則出實百倍。上以法取焉，而下以禮節用之。餘若丘山，不時焚燒，無所臧之，夫君子奚患乎無餘？故知節用裕民，則必有仁義聖良之名，而且有富厚丘山之積矣。此無它故焉，生於節用裕民也。不知節用裕民則民貧，民貧則田瘠以穢，田瘠以穢則出實不半。上雖好取侵奪，猶將寡獲也，而或以無禮節用之，則必有貪利糾譑之名，而且有空虛窮乏之實矣。此無它故焉，不知節用裕民也。《康誥》曰：「弘覆乎天，若德裕乃身。」此之謂也。

【译文】

使国家富足的途径是，节约财政开支，让民众多创造财富，并能够妥善贮藏多余的粮食和各种财物。节约财政开支要依靠礼制约束，让民众多创造财富要依靠政策导向。哪个国家推行让民众多创造财富的政策，该国家就会粮食多财物广；民众多创造财富，就会富裕起来。民众富裕了，农田会被多施肥，农作物耕种会精耕细作；农田多施肥且精耕细作，生产出来的谷物就会上百倍地增长。国君要依照法律规定向民众收税，而臣民要按照礼制规定，俭省节约。其他像山林之利，可以不时地加以放火烧山，让山林中的可用财富为人类所利用。这样，君子哪里还用担心不年年有余呢？所以，懂得节约财政开支，让民众多创造财富，君主就一定会享有仁爱、正义、圣明、善良的名声，而他的国家拥有的财富也会堆积如山。这其实并无别的什么原因，只是因为贯彻了节约财政开支，让民众多创造财富的政策方针。如果不懂得节约财政开支，让民众多创造财富的道理，民众就会贫困；民众贫困，农田就会贫瘠甚而至于荒芜；农田贫瘠而荒芜，收获的谷物就难以达到正常收成的一半。在这种情况下，国君即使热衷于增加赋税，甚至巧取豪夺，实际的财政收入仍将是很少的；再加上有时还不能按照礼制规定节约财政开支，那就一定会只是落了个贪婪搜刮的坏名声，而实际上还是粮仓空空，财政匮乏。这也没有别的什

么原因，只是因为不懂得节约财政开支，不懂得让民众多创造财富的道理。《尚书·康诰》上说：「博爱众生呀要像上天普照大地，若能遵行礼义道德，能使你本人也得到富裕。」说的就是这个道理啊。

【原文】

禮者，貴賤有等，長幼有差，貧富輕重皆有稱者也。故天子袾裷衣冕，諸侯玄裷衣冕，大夫裨冕，士皮弁服。德必稱位，位必稱祿，祿必稱用。由士以上則必以禮樂節之，衆庶百姓則必以法數制之。量地而立國，計利而畜民，度人力而授事；使民必勝事，事必出利，利足以生民，皆使衣食百用出入相揜，必時臧餘，謂之稱數。故自天子通於庶人，事無大小多少，由是推之。故曰：朝無幸位，民無幸生。此之謂也。輕田野之税，平關市之征，省商賈之數，罕興力役，無奪農時，如是，則國富矣。夫是之謂以政裕民。

【译文】

所谓礼，就是在高贵和卑贱之间分出不同的等级，年长的和年幼的也有一定的差别，贫穷的和富裕的，权轻势微和权大势重的都各有适当的规定。所以，天子穿红袍，戴礼帽，诸侯穿黑袍，戴礼帽，大夫穿裨衣，戴礼帽，士戴白鹿皮的帽子，穿白褶子的裙。德行一定要和职位相称，职位

一定要与俸禄挂钩，俸禄一定要购买到官吏的相应劳动。士以上的大官小吏都必须用礼乐制度去节制，群氓百姓都一定要用刑法去统治。通过丈量土地来建立诸侯国，通过计算收益多少来利用民众，通过评估人的能力大小来授予工作；务必让民众胜任自己的工作，务必让工作产生相应的经济效益；经济效益一定要足以用来养活民众，务必让所有民众在吃穿以及各种生活费用方面收支相当，务必及时地把他们多余的粮食财物储备起来，这可以叫做以数制法。这样，上至天子下到老百姓，无论事情大小，无论事多事少，都要以此类推。所以有人指出：朝廷上不能有因侥幸而得的官位，百姓中不能有侥幸求生游手好闲的人。说的就是这个道理。减轻农田的税收，调整关卡市场的税率；减少商人的数量，少兴工程少派劳役，不耽误农民的时令，这样国家就富裕了。这叫做用政策引导民众富裕。

【原文】

人之生，不能無羣，羣而無分則爭，爭則亂，亂則窮矣。故無分者，人之大害也；有分者，天下之本利也。而人君者，所以管分之樞要也。故美之者，是美天下之本也；安之者，是安天下之本也；貴之者，是貴天下之本也。古者先王分割而等異之也，故使或美或惡，或厚或薄，或佚或樂，或劬或勞，非特以爲淫泰夸麗之聲，將以明仁之文，通仁之順也。故爲之雕琢、刻鏤、黼黻、文章，使足以辨貴賤而已，不求其觀；爲之鍾鼓、管

磬、琴瑟、竽笙，使足以辨吉凶，合歡定和而已，不求其餘；爲之宫室臺榭，使足以避燥溼，養德辨輕重而已，不求其外。《詩》曰：「雕琢其章，金玉其相。亹亹我王，綱紀四方。」此之謂也。

【译文】

人要生活，就不能没有社会群体，在社会群体中生活却没有等级名分，就会你争我夺，你争我夺就会动荡不安，动荡不安就会陷入困境。所以，没有等级名分是人类生活的巨大灾难；有等级名分，是人们生活的根本利益。君主是掌管等级名分的关键人物，所以，赞美君主就是赞美人类生活的根本利益，维护君主就是维护人类生活的根本利益，尊重君主就是尊重人类生活的根本利益。古圣王用名分来治理民众，用等级来区别臣民；让他们有人受褒奖，有人受惩罚，有人待遇高，有人待遇差，有人得安乐，有人受劳苦，其目的并非要造成放荡奢侈的生活或为自己赢得好名声，而是要彰明仁德的礼仪，贯彻仁德的秩序。所以，为人们的器物雕图案，礼服上面绘花纹，不过是为了分辨高贵和卑贱罢了，并非为了追求美观；为人们设置钟鼓、管磬、琴瑟、竽笙等乐器，不过是为了让人们在区别吉凶，一起欢庆而和谐相处时有点气氛罢了，并没有别的追求；为人们建造宫室、台榭，不过是为了让人来遮风避雨，修养德性，分辨尊卑罢了，别无他求。《诗经》上说：「雕琢器物成纹章，宛如金玉一个样。勤勤恳恳我君王，统领四面又八方。」说的就是这个事情。

【原文】

若夫重色而衣之，重味而食之，重財物而制之，合天下而君之，非特以爲淫泰也，固以爲王天下，治萬變，材萬物，養萬民，兼制天下者，爲莫若仁人之善也夫！故其知慮足以治之，其仁厚足以安之，其德音足以化之，得之則治，失之則亂。百姓誠賴其知也，故相率而爲之勞苦以務佚之，以養其知也。誠美其厚也，故爲之出死斷亡以覆救之，以養其厚也；誠美其德也，故爲之雕琢、刻鏤、黼黻、文章以藩飾之，以養其德也。故仁人在上，百姓貴之如帝，親之如父母，爲之出死斷亡而愉者，無它故焉，其所是焉誠美，其所得焉誠大，其所利焉誠多。《詩》曰：「我任我輦，我車我牛，我行既集，蓋云歸哉！」此之謂也。

【译文】

至于君子们穿多种花色的服装，吃各种美味的食品，把各种各样的财物集中起来加以控制使用，兼并了天下而统治它，其目的并非专门为了自己能过上放荡奢侈的生活，而只是认为，统一天下以处理各种事变，管理万物而使民众得以正常生活；让君子处在管理社会的位置上，这实在是因为没有比仁德的君子更好的人了！仁人君子的智慧足可以用来统治民众，他们的仁德忠厚足可以用来安抚民众，他们的道德声望足可以用来感化民众。得到了这样的人，天下就

安定；失去了这样的人，天下就混乱。老百姓实在是要仰赖他们的智慧，这才成群结队地为他们劳动来使他们安逸，以此来使他们更加有智慧。老百姓实在是看中了他们的仁厚，所以才出生入死地保卫他们并解救他们，这就会使他们更加仁厚；老百姓实在是看中了他们的德行，这才为他们在器物上雕图案，在礼服上画花纹，以此来美化他们的外形，培养他们的德行。所以，如果让仁人君子处在君位上，百姓们会像对待上帝一样尊重他们，像亲爱父母一样热爱他们，为他们出生入死也心甘情愿。这其实并没有什么别的原因，而是因为他们的价值追求实在是好，所取得的成就实在是大，所带来的好处实在是多。《诗经》上说："我做奴仆我抬轿，我拉车子我牵牛，我的事情一做完，他总说：『你回去吧！』"说的就是这种事情。

【原文】

故曰：君子以德，小人以力。力者，德之役也。百姓之力，待之而後功；百姓之羣，待之而後和；百姓之財，待之而後聚；百姓之埶，待之而後安；百姓之壽，待之而後長。父子不得不親，兄弟不得不順，男女不得不歡，少者以長，老者以養。故曰："天地生之，聖人成之。"此之謂也。

【译文】

所以说：君子靠德行，小人靠力气。干力气活的人，要靠有德行的君子来役使。民众的体力劳动，要靠君子治理才会现出成效；百姓的群类生活，要靠君子治理才会和睦相处；百姓的财物，要依靠君子的才能集中起来；百姓的生活，要依靠君子的统治才能安稳；百姓的寿命，要通过统治才能长寿。在君子的统治之下，父子之间不能不亲密，兄弟之间不能不和顺，夫妇之间不能不欢乐。青少年在统治秩序中长大成人，老年人在统治秩序中得到赡养。所以说："天地生养了他们，圣人成就了他们。"说的就是这个道理。

【原文】

今之世而不然：厚刀布之斂以奪之財，重田野之稅以奪之食，苛關市之征以難其事。不然而已矣，有掎挈伺詐，權謀傾覆，以相顛倒，以靡敝之，百姓曉然皆知其汙漫暴亂而將大危亡也。是以臣或弑其君，下或殺其上，粥其城，倍其節，而不死其事者，無它故焉，人主自取之。《詩》曰："無言不讎，無德不報。"此之謂也。

【译文】

现在的社会就不是这样了。统治者加重对金钱货币的搜刮来掠夺民众的财产，加重对田地的税收来抢夺百姓的粮食，对关卡和集市苛刻收税，来为难贸易活动。并且不仅如此，统治者内部相互之间还抓住对方的弱点伺机欺诈，玩弄权术阴谋进行倾轧陷害；他们用这种手段不仅互相颠覆，而且最终摧残了百姓。天下百姓都明明知道，这些人的污秽肮脏，残暴淫乱而终将导致极大的危难甚至灭亡。于是，臣子中有杀君主的，下级有杀上司的；他们出卖城池，反复无

常而不愿为自己的事业卖命，这其实没有什么别的原因，而只是君主自作自受。《诗经》上说：「说话都会有应答，施恩总会有回报。」说的就是这个道理。

【原文】

兼足天下之道在明分。掩地表畝，刺屮殖穀，多糞肥田，是農夫衆庶之事也。守時力民，進事長功，和齊百姓，使人不偷，是將率之事也。高者不旱，下者不水，寒暑和節而五穀以時孰，是天下之事也。若夫兼而覆之，兼而愛之，兼而制之，歲雖凶敗水旱，使百姓無凍餧之患，則是聖君賢相之事也。

【译文】

让天下普遍富足的办法是明确名分。开垦田地，划好地界，人们除草种植农作物，多施粪使土地肥沃，这是农民群众的事。按季节动员民众服役公共工程，促进生产，增加收益，让老百姓和谐一致，齐心协力，人人都不偷懒，这是将帅的事。高处的农田不干旱，洼地的农田不受涝，寒暑按季节往来，庄稼按时令成熟，这是自然界的事。至于庇护所有的民众，爱抚所有的人民，管理所有的老百姓；即使旱涝年岁，饥荒歉收，也使老百姓不挨饿不受冻，这便是圣君贤相的事情了。

【原文】

墨子之言，昭昭然爲天下憂不足。夫不足，非天下之公患也，特墨子之私憂過計也。今是土之生五穀也，人善治之，則畝數盆，一歲而再獲之；然後瓜桃棗李一本數以盆鼓；然後葷菜百疏以澤量；然後六畜禽獸一而剸車；黿鼉、魚鼈、鰌鱣以時別，一而成羣，然後飛鳥、鳧雁若烟海；然後昆蟲萬物生其閒，可以相食養者不可勝數也。夫天地之生萬物也，固有餘足以食人矣；麻葛、繭絲、鳥獸之羽毛齒革也，固有餘足以衣人矣。夫有餘不足，非天下之公患也，特墨子之私憂過計也。

【译文】

墨子的学说，是到处奔走，担忧天下的物资不够用。他所谓的不够，并不是天下人的公众忧患，而只是墨子个人的担忧和过虑。现在，土地上生长着五谷，如果人们善于管理，每亩可出产几盆谷物，一年收获两季；此外，瓜、桃、枣、李等果树，每棵也能生产出几盆果实，甚至可以用鼓来计算；其次，葱蒜之类以及各种蔬菜也多得漫山遍野；再其次，各种家畜与猎取的野兽都肥肥大大，一只就能装一车；水生的鼋、鼍、鱼、鳖、泥鳅、鳝鱼按时繁殖，养一条很快就能变一群；还有，像飞鸟、野鸭、大雁之类，它们多得浩如烟海；最后，连昆虫和各种各样的生物，也都生长在天地之间。可以供养人的东西实在是多得不胜枚举。天地长出万物，本来就绰绰有余，足够用来供养人的了。麻、葛、蚕丝、鸟兽的羽毛和动物的牙齿、皮革，等等，本来就绰绰有余，足够用来供人穿戴了。墨子所谓的物资不够，并不是天下人的公共忧患，而只是墨子个人的担忧和过虑罢了。

【原文】

天下之公患，亂傷之也。胡不嘗試相與求亂之者誰也？我以墨子之「非樂」也，則使天下亂；墨子之「節用」也，則使天下貧。非將墮之也，說不免焉。墨子大有天下，小有一國，將蹙然衣麤食惡，憂戚而非樂。若是則瘠，瘠則不足欲，不足欲則賞不行。墨子大有天下，小有一國，將少人徒，省官職，上功勞苦，與百姓均事業，齊功勞，若是則不威，不威則罰不行。賞不行，則賢者不可得而進也；罰不行，則不肖者不可得而退也。賢者不可得而進也，不肖者不可得而退也，則能不能不可得而官也。若是則萬物失宜，事變失應，上失天時，下失地利，中失人和，天下敖然，若燒若焦。墨子雖爲之衣褐帶索，嚽菽飲水，惡能足之乎？既以伐其本，竭其原，而焦天下矣。

【译文】

天下共同的祸患是各种学说惑乱人心从而损害社会。为什么不试着坐在一起，找一下是谁在扰乱社会呢？在我看来，正是墨子的「非乐」观，使天下大乱；墨子的「节用」观，使天下贫穷。我这并不是诋毁墨子本人，而是认为他的学说将不可避免地会导致这种结果。如果墨子的权势大到掌管天下，小到统治一个国家，他将会局促不安地穿粗衣，吃粗粮，忧戚不安地反对音乐。其结果，他的生活就一定很简陋，生活简陋，就不值得追求，没有值得追求的生活，国君的奖

赏就无法推行。如果墨子的权势大到掌管天下，小到统治一个国家，他将减少仆从，精简机构，崇尚辛勤，与老百姓同甘共苦，做同样的事，受同样的劳。这样的结果，君主就没有威严；君主不威严，处罚就无法推行。奖赏无法推行，有德才的人就无法得到提拔；惩罚无法推行，无德才的人就无法遭到罢免和贬斥。有德才的人得不到提拔重用，无德才的人得不到罢免和贬斥，就无法根据能力的大小来安排不同的职务。结果就会造成万物得不到适当的利用，突发事件得不到相应的处理；上失天时，下失地利，中失人和，这个世界就会像熬干了的锅，烧过了的山，枯萎了的树，变得毫无生机和情趣。虽然墨子为达此目标而身穿粗衣，腰系粗绳，吃豆叶，喝白水，又怎么能使天下富足呢？墨子的主张实际上是从根本上砍掉了社会存在的基础，枯竭了社会生活的源头活水，这个世界将因此而变得一点生机和情趣都没有了。

【原文】

故先王聖人爲之不然。知夫爲人主上者，不美不飾之不足以一民也，不富不厚之不足以管下也，不威不彊之不足以禁暴勝悍也。故必將撞大鐘，擊鳴鼓，吹笙竽，彈琴瑟以塞其耳；必將錭琢、刻鏤、黼黻、文章以塞其目；必將芻豢稻粱、五味芬芳以塞其口。然後衆人徒、備官職、漸慶賞、嚴刑罰以戒其心。使天下生民之屬皆知己之所願欲之舉在是於也，故其賞行；皆知己之所畏恐之舉在是於也，故其罰威。賞行罰威，則賢

者可得而進也，不肖者可得而退也，能不能可得而官也。若是，則萬物得宜，事變得應，上得天時，下得地利，中得人和，則財貨渾渾如泉源，汸汸如河海，暴暴如丘山。不時焚燒，無所臧之，夫天下何患乎不足也？故儒術誠行，則天下大而富，使而功，撞鐘擊鼓而和。《詩》曰：「鐘鼓喤喤，管磬瑲瑲，降福穰穰。降福簡簡，威儀反反。既醉既飽，福祿來反。」此之謂也。故墨術誠行，則天下尚儉而彌貧，非鬬而日爭。勞苦頓萃而愈無功，愀然憂戚非樂而日不和。《詩》曰：「天方薦瘥，喪亂弘多。民言無嘉，憯莫懲嗟。」此之謂也。

【译文】

古代的帝王圣人对墨子这样的学说不以为然。他们知道，当君主的如果不美化，不装饰就不足以统一民心；财富不多，待遇不厚就不足以管理臣民；不威严，不强大就不足以对内禁残止暴，对外战胜凶悍的敌人。所以他们一定要通过敲大钟，擂响鼓，吹笙竽，弹琴瑟来震撼民众的耳膜；一定要在器物上雕花刻镂，在礼服上绣花制图来刺激民众的眼睛；一定要用牛羊猪狗，稻米谷子以及各种芳香扑鼻的美味佳肴来满足自己的胃口。此外，还要增加随员，配备官职，加重奖赏，严肃刑罚来激励警戒人们的心。让天下所有人都知道，自己所希望得到的，君主这里都有，君主高兴就有奖赏你的能力；同时也都知道自己所害怕的君主这里也都有，君主不高兴，就有处罚你的威力。奖赏能实行，处罚有威力，有才德的人可以通过这条途径得到提拔任用，没有才德的人会遭受罢免和贬斥；有能的和无能的都能得到应有的职位。这样做的结果，万物能得到适当的利用，突发事件能得到相应的处理；上得天时，下得地利，中得人和；财源滚滚如泉水，浩浩荡荡像江河，财富多得漫山遍野。再加上常常按季节烧山狩猎，山中所蕴藏的财富都得到开发利用，天下人怎么会担心财物不够呢？

所以，如果儒家学说真的能够得到推行，就会天下平安而富有，民众容易役使且有成效，敲锣打鼓地过上和睦相处的好日子。《诗经》上说：「钟鼓咚咣，管磬锵锵，幸福纷纷从天降。天赐福祉宽又广，仪容威严又端庄。酒足饭饱德无量，福禄都归我执掌。」说的就是这种情况。

墨子的学说如果真的得到推行，天下崇尚节俭，将会越来越贫穷；反对争斗，却将天天有争斗。墨家学派一天到晚勤劳辛苦困顿憔悴，反倒会越来越无成效；哭丧着脸忧愁苦闷地反对音乐，天下会一天天变得更加不和睦。《诗经》上说：「上天连连降瘟疫，死丧混乱无穷期。民众张口没好话，为何从来不警惕。」说的就是这情况。

【原文】

垂事養民，拊循之，唲嘔之，冬日則爲之饘粥，夏日則與之瓜麩。以偷取少頃之譽焉，是偷道也。可以少頃得姦民之譽，然而非長久之道也。事

必不就，功必不立，是姦治者也。傮然要時務民，進事長功，輕非譽而恬失民，事進矣而百姓疾之，是又不可偷偏者也。徙壞墮落，必反無功。故垂事養譽，不可，以遂功而忘民，亦不可。皆姦道也。

【译文】

放下生产不管而给民众弄些小恩小惠，就像人们对小孩儿一样，抚慰他们，疼爱他们，冬天给他们熬粥煮饭，夏天给他们摘瓜果，煮大麦粥。这是骗取一时名誉的做法，是一种苟且为之的做法。这种做法可以暂时得到一些奸人的赞誉，但并不是长久的做法。其结果，事业一定不会成功，功绩也一定不能建立，只是些想用奸巧做法来治理国家的人。急急忙忙地抢时节而让民众为自己卖力，想要生产突飞猛进，一日间就功效大增，不管民众是非议还是赞美，对民心的丧失也满不在乎；结果，生产虽然有所发展，百姓却怨恨他，这是另一种苟且偏激的人，不能肯定他。这种人也将使国家趋于堕落衰败，最后必然反而一事无成。所以，放下手中能做的事而沽名钓誉，这是不行的；急于成就功业而不顾民心，也是不行的。因为这都是些奸巧不正的做法。

【原文】

故古人爲之不然。使民夏不宛暍，冬不凍寒，急不傷力，緩不後時。事成功立，上下俱富，而百姓皆愛其上。人歸之如流水，親之歡如父母，爲之出死斷亡而愉者，無它故焉，忠信、調和、均辨之至也。故君國長民者，

欲趨時遂功，則和調累解，速乎急疾；忠信均辨，說乎賞慶矣；必先修正其在我者，然後徐責其在人者，威乎刑罰。三德者誠乎上，則下應之如景嚮。雖欲無明達，得乎哉！《書》曰：「乃大明服，惟民其力懋，和而有疾。」此之謂也。

【译文】

古人做事不是这样的。他们役使民众的时候，夏天不让闷热中暑，冬天不让忍寒受冻，紧的时候不伤民力，松的时候不误农时。结果事情成功，功业建立，君主和臣民都富有，老百姓都爱戴他们的君主。人们归附君主就像水流趋下一样地自然，亲近君主高兴得就像亲近自己的父母，心甘情愿地为君主出生入死。这其实没有什么别的原因，只是因为君主极其忠信，和顺而公平。统治国家、领导人民的君主，要想争取时间成就功业，就应和顺无为，这比急急忙忙地做事收效更快。忠信公平，比表扬赏赐更讨人喜爱。做君主的一定要先纠正自己身上的缺点，然后再慢慢地要求别人改正缺点，这比使用刑罚更有威力。和顺无为，忠信公平，正人先正己，这三种德行如果真正体现在君主身上，臣民响应他就会如影随形，像回声紧跟着声音一样。这样，即使你不想显赫通达，那可能吗？《尚书》上说：「君主英明地驯服民众，民众就会尽力劳动，协调一致，快捷迅速。」说的就是这种情况。

【原文】

故不教而誅，則刑繁而邪不勝；教而不誅，則姦民不懲；誅而不賞，則勤屬之民不勸；誅賞而不類，則下疑俗險而百姓不一。故先王明禮義以壹之；致忠信以愛之；尚賢使能以次之；爵服慶賞以申重之，時其事、輕其任以調齊之，潢然兼覆之，養長之，如保赤子。若是，故姦邪不作，盜賊不起，而化善者勸勉矣。是何邪？則其道易，其塞固，其政令一，其防表明。故曰：上一則下一矣，上二則下二矣，辟之若屮木，枝葉必類本。此之謂也。

【译文】

光教育不惩罚，邪恶的人就会得不到惩罚；只惩罚不奖赏，勤奋的人就得不到鼓励。既惩罚又奖赏，但如果这些措施不合法律，民众就会无所适从，社会风气就会险恶，百姓们也会因没有统一的法度而无法行动一致。所以，古圣王通过彰明礼制道义，来统一民众的言行；致力于忠信来爱护人民；他们尊崇贤人，任用能人，为这些人安排各级职位并用爵位、服饰、表扬、赏赐去反复激励他们。还要根据季节安排他们的活动，减轻民众的负担来调整齐一社会生活。君主要恩泽普施，庇护所有的人，抚养所有的人，保护民众就像保护初生的婴儿一样。这样的结果，奸诈邪恶的人就会洗手不干，盗窃抢劫的流氓团伙也不再出现，受到礼义教化而弃恶从善的人，在君主恩德的感召下会因此而受到鼓励。这是为什么呢？因为古圣王引导人们弃恶从善的政治原则平易可行，这些原则对为非作歹行为的堵塞禁止强固有力，他们所制定的礼义法度既明确稳定而又内在协调一致。古话说：上面政令统一，一心一意，下面也就有章可循，一心一意；上面朝令夕改，三心二意，下面也就无所适从，三心二意；打个比方来说，社会生活就像草木一样，有什么样的根系就会长出什么样的枝叶。说的就是这个道理。

【原文】

不利而利之，不如利而後利之之利也。不愛而用之，不如愛而後用之之功也。利而後利之，不如利而不利者之利也。愛而後用之，不如愛而不用者之功也。利而不利也，愛而不用也者，取天下矣。利而後利之，愛而後用之者，保社稷也。不利而利之，不愛而用之者，危國家也。

【译文】

不先给民众带来利益而只想从他们身上获取利益，不如使他们先得到利益后再利用他们更加有利。不爱护民众而役使他们，不如先爱护他们然后再役使他们更有成效。使民众获得利益之后再从他们身上获取利益，不如使他们先得到利益而不从他们身上获取利益对国家有利。先爱护民众然后再役使他们，不如只爱护他们而不役使他们更有成效。使民众获得利益而不从民众身上获

取利益，只爱护民众而不役使民众的国君，就能够得到全天下了。先使民众获得利益然后再从民众身上获取利益，先爱护民众然后再役使民众的国君，能够勉强保住国家。如果一个国君不让民众获得利益而只会从民众身上榨取利益，不爱护民众而只是役使民众，他的国家就危险了。

【原文】

觀國之治亂臧否，至於疆易而端已見矣。其候徼支繚，其竟關之政盡察，是亂國已。入其境，其田疇穢，都邑露，是貪主已。觀其朝廷則其貴者不賢，觀其官職則其治者不能，觀其便嬖則其信者不愨，是闇主已。凡主相臣下百吏之俗，其於貨財取與計數也，須孰盡察，其禮義節奏也，芒軔僈楛，是辱國已。其耕者樂田，其戰士安難，其百吏好法，其朝廷隆禮，其卿相調議，是治國已。觀其朝廷則其貴者賢，觀其官職則其治者能，觀其便嬖則其信者愨，是明主已。凡主相臣下百吏之屬，其於貨財取與計數也，寬饒簡易，其於禮義節奏也，陵謹盡察，是榮國已。賢齊則其親者先貴，能齊則其故者先官，其臣下百吏，汙者皆化而修，悍者皆化而愿，躁者皆化而愨，是明主之功已。

【译文】

观察一个国家的治乱好坏，来到其国的边界，苗头就已经显露出来了。如果哨兵来回分散巡逻，边境关卡的管理措施极其苛察，就可以断定这是一个混乱的国家。进入国境，看到田地荒芜，城镇破败，说明这个国家有一个贪婪无能的君主。看他的朝廷之上，地位高贵的不贤明，考察他的官员，处理政务的无才能，看他左右的亲信，这些被信任的人不诚实，说明这是个昏君。凡是君主、宰相、大臣和各种大官小吏，他们对货物钱财的收支计算，谨慎仔细而极其苛严清楚，对于礼义制度却茫然无知，怠惰疲沓，漫不经心，可知这是个可耻的国家。如果农民乐于种田，战士不避危难，百官热衷于法律而朝廷崇尚礼义，卿相们在切磋计议，可以判定这是个治理得好的国家。如果看他的朝廷之上，地位高贵的人很贤明，考察他的官员，处理政事很能干，看他左右的亲信，被信任的人很诚实，说明这是个英明的君主。凡君主、宰相、大臣和各种大官小吏，对货物钱财的收支计算，宽容大方简略易便，对礼义法度严肃认真，一丝不苟，说明这是一个荣耀的国家。如果对待贤德之人的态度一样，但有亲戚关系的人一般会先尊贵起来，能力相同，原先有关系的人一般能先当上官，臣下百官中思想行为肮脏的人，都被教化得善良美好，凶狠强暴的都被教化得朴实善良，狡猾奸诈的都被教化得忠厚老实，这就可以说是英明君主的功劳了。

【原文】

觀國之彊弱貧富有徵：上不隆禮則兵弱，上不愛民則兵弱，已諾不信則兵弱，慶賞不漸則兵弱，將率不能則兵弱。上好功則國貧，上好利則國貧，士大夫衆則國貧，工商衆則國貧，無制數度量則國貧。下貧則上貧，

下富則上富。故田野縣鄙者，財之本也；垣窌倉廩者，財之末也。百姓時和、事業得叙者，貨之源也；等賦府庫者，貨之流也。故明主必謹養其和，節其流，開其源，而時斟酌焉，潢然使天下必有餘而上不憂不足。如是則上下俱富，交無所藏之，是知國計之極也。故禹十年水，湯七年旱，而天下無菜色者，十年之後，年穀復熟而陳積有餘。是無它故焉，知本末源流之謂也。故田野荒而倉廩實，百姓虚而府庫滿，夫是之謂國蹷。伐其本，竭其源，而並之其末，然而主相不知惡也，則其傾覆滅亡可立而待也。以國持之而不足以容其身，夫是之謂至貪，是愚主之極也。將以求富而喪其國，將以求利而危其身。古有萬國，今有十數焉。是無它故焉，其所以失之一也。君人者亦可以覺矣。百里之國，足以獨立矣。

【译文】

观察一个国家的强弱贫富也有一定的征兆：君主不崇尚礼义兵力就衰弱，君主不爱护民众兵力就衰弱，对作过的承诺不讲信用兵力就衰弱，奖赏不循序渐进兵力就衰弱，将帅无能兵力就衰弱。君主好大喜功国家就贫穷，君主爱财国家就贫穷，官吏众多国家就贫穷，工商人多国家就贫穷，没有规章制度国家就贫穷。民众贫穷君主就贫穷，民众富裕君主就富裕。郊外的田野乡村是财政的根本，国库的粮囤地窖谷仓米库是财政的支流。民众按季节和乐务农，各级官吏各守其职是财政的源头；按等级征收赋税和国库库存是财政的支流。所以，英明的君主一定会谨慎地致力于保持和谐安定的政治局面，节财政之流，开财政之源，经常对财政收支按实际情况加以调节，这样就一定会使国家财政财源滚滚，绰绰有余，君主再也不用为财政空虚而担忧了。这样，君主和民众就会都富有，外交事务也就不会捉襟见肘，这就可以称得上是确实懂得了国计民生。所以，夏禹时碰到过十年水灾，商汤时遇到过七年旱灾，但天下并没有面有菜色的饥人；因为气候变化以十年为周期，十年之中，农业总会有丰收的年景，这时储备下来的粮食到歉收时还吃不完。这并没有什么别的原因，只是因为他们懂得关于国家财政的本末关系和源流关系。一个国家如果经常弄得田野荒芜，而国库的粮食却十分充实，百姓家里无米下锅而国库却还是堆积如山，这可以称之谓是一个将要垮台的国家。砍伐国家的根本，枯竭国家的水源，把财富都集中到国库中，而当君主宰相的却不知道这是坏事，那我们就可以眼看着这个国家垮台灭亡了。整个国家的财富都集中到国库来供养君主，却还是满足不了他的贪欲，这可以称之谓贪婪无耻，是最愚蠢的君主才会干出来的。这样的君主只想着自己富足却反而丧失了自己的国家，只想着获取利益却反而危害了自身的安全。古时候有上万个国家，现在剩下的，也就只有这么十几个了，这没有什么别的原因，因为那些被灭的国家，他们失国的原因都是一样的。统治人民的君主们也该是醒悟的时候了。其实，百里见方的小国，如果懂得治理，也是完全能够独立存在于大国之林的。

【原文】

凡攻人者，非以爲名，則案以爲利也，不然，則忿之也。

仁人之用國，將修志意，正身行，伉隆高，致忠信，期文理。布衣紃屨之士誠是，則雖在窮閻漏屋，而王公不能與之爭名；以國載之，則天下莫之能隱匿也。若是，則爲名者不攻也。將辟田野，實倉廩，便備用，上下一心，三軍同力，與之遠舉極戰則不可。境內之聚也保固，視可午其軍，取其將，若撥麷；彼得之不足以藥傷補敗；彼愛其爪牙，畏其仇敵，若是，則爲利者不攻也。將修小大彊弱之義以持慎之，禮節將甚文，珪璧將甚碩，貨賂將甚厚，所以說之者，必將雅文辯慧之君子也。彼苟有人意焉，夫誰能忿之？若是，則忿之者不攻也。

爲名者否，爲利者否，爲忿者否，則國安於盤石，壽於旗、翼。人皆亂，我獨治；人皆危，我獨安；人皆失喪之，我按起而治之。故仁人之用國，非特將持其有而已也，又將兼人。《詩》曰：「淑人君子，其儀不忒。其儀不忒，正是四國。」此之謂也。

【译文】

凡进攻别的国家，不是为了名，就是为了利；否则，就是因为相互之间有怨恨。

仁德之人治理国家，会提高自己的思想境界，端正自身的行为方式，思想境界崇高，致力于忠厚守信，完善礼仪制度。身穿布衣，脚穿麻鞋的读书人如果真能做到这些，即使他住在穷乡僻巷的漏雨房屋之中，天子诸侯也无法和他争名望；如果委托给他一个国家，全天下也无法遮掩他的光辉。这样，为了名的国家就无法来攻打，在此基础上，就可以开垦农田，充实粮仓，改进设备和器具，君民团结一条心，三军上下齐努力。谁想再长途跋涉、兴师动众前来求战，那肯定不行。因为这样的国家，军民上下的力量是集中统一的，要守得牢固，情况许可会迎击，擒获敌方将领就像掰断麦芽一样易如反掌；来攻之国所得，连救治伤员弥补损失都不够；他为了爱惜自己的将领，也会害怕与这样的国家为敌的。这样，为利而来的国家也就不会来攻打了。在此基础上，他还将用道义来处理小国与大国、强国与弱国之间的关系，礼节将会十分完善，所赠玉器也将既好又大，贡献财物非常丰厚，游说对方的外交官也一定是正派有礼、聪慧善辩的君子。别国的君主如果稍有一点人味，他怎么还会怨恨他呢？于是，出于怨恨而动武的人也就不会来攻打了。

求名的不来攻打，谋利的不来攻打，要发泄怨愤的也不来攻打，这样，国家就会安如磐石，寿比恒星。别的国家都在动乱，只有我治理得好；别的国家都危险，只有我安如泰山；别的国家都丧权失国，我趁机帮他们治理。所以，仁德之人如果当政，不仅会保住自己的国家，还可能兼并别的国家。《诗经》上说：「正人君子，仪表堂堂；仪表堂堂，安定四方。」说的就是这个道理。

【原文】

持國之難易：事强暴之國難，使强暴之國事我易。事之以貨寶，則貨寶單而交不結；約信盟誓，則約定而畔無日；割國之錙銖以賂之，則割定而欲無猒。事之彌順，其侵人愈甚，必至於資單國舉然後已。雖左堯而右舜，未有能以此道得免焉者也。辟之，是猶使處女嬰寶珠，佩寶玉，負戴黃金而遇中山之盜也，雖爲之逢蒙視，詘要橈膕，君盧屋妾，由將不足以免也。故非有一人之道也，直將巧繁拜請而畏事之，則不足以持國安身，故明君不道也。必將修禮以齊朝，正法以齊官，平政以齊民，然後節奏齊於朝，百事齊於官，衆庶齊於下。如是，則近者競親，遠方致願，上下一心，三軍同力，名聲足以暴炙之，威强足以捶笞之，拱揖指揮，而强暴之國莫不趨使，譬之，是猶烏獲與焦僥搏也。故曰：事强暴之國難，使强暴之國事我易。此之謂也。

【译文】

保住自己国家的困难之处和容易之法：侍奉强暴之国很困难，让强暴之国侍奉我却很容易。用钱财珍宝去奉承强暴之国，钱财珍宝送光了而邦交仍然不能建立；和他们订盟约立誓言吧，盟约签定后没几天他们就会背信毁约；一点点地割让国家的土地去贿赂他们吧，割让完了之后他们却欲壑难填。侍奉他越好他就越厉害，一定要等到财物送光，国家全都给了他，然后才罢休。即使你身边有尧、舜那样的贤人，靠这种办法也不能避免灭亡。打个比方说，这就好像让一个姑娘脖子上系着宝珠，身上佩着宝玉，背着黄金，而碰上了山中的强盗，即使你眯着眼睛不敢看他，弯腰屈膝，像家里的婢妾一样，仍将不可避免遭抢的厄运。所以，如果没有团结人民一致抗敌的办法，只靠说好话，献殷勤，跪拜请求，诚惶诚恐地去侍奉，那是不能保住国家，安安生生过日子的。所以，英明的君主不会这样做。他一定会修订礼制来整治朝廷，端正法制来整治官吏，公正理政来治理民众，从而使礼仪制度在朝廷上得到严格执行，各种事情在官府中得到有条不紊的治理，群众在下面齐心合力。这样，邻国会争先恐后地来亲近，远方的国家也会表达出仰慕之情。国家上下团结一心，三军共同努力，光是显赫的声名就足以对各国形成足够的威慑作用，再加上用武力惩处，从容指挥，所有的强暴之国谁也不敢不来效劳奔走。打个比方说，这就好像是大力士乌获与矮子僬侥搏斗一样。所以说：「侍奉强暴之国很困难，让强暴之国前来侍奉我却很容易。」说的就是这个道理。

王霸篇第十一

【原文】

國者，天下之制利用也；人主者，天下之利埶也。得道以持之，則大安也，大榮也，積美之源也。不得道以持之，則大危也，大累也，有之不如

無之，及其綦也，索爲匹夫不可得也，齊湣、宋獻是也。故人主，天下之利埶也，然而不能自安也，安之者必將道也。

故用國者，義立而王，信立而霸，權謀立而亡。三者，明主之所謹擇也，仁人之所務白也。

【译文】

国家是天下最有力的工具；君主，处于天下最有利的地位。如果掌握了正确的治理原则去控制国家、掌握君权，就会非常安宁，非常荣耀，集天下最美好的事物于一身并且掌握着所有功名的源泉。但是如果掌握不了正确的治理原则去控制国家并掌握君权，也会使自己处于社会角力场的危险核心，弄得身心疲惫，悲苦不可名状，有了它还不如没有的好。发展到极点，想做个平民百姓也做不到。齐湣王、宋献公就是这样一个结局。所以，君主虽然最有权势，处于天下最有利的地位，但是他并不能自己想安定就自行安定，想要安定的君主，一定要依靠正确的政治原则。

所以，治理国家的人，如果能把道义确立就能在天下称王，能把信用确立就能称霸诸侯，如果搞起谋略来，那就会灭亡。正是因为有这样三种情况，英明的君主是要谨慎选择的，是讲究仁义道德的人一定要弄明白的。

【原文】

挈國以呼禮義而無以害之，行一不義、殺一無罪而得天下，仁者不爲也，擽然扶持心、國，且若是其固也。之所與爲之者之人，則舉義士也；之所以爲布陳於國家刑法者，則舉義法也；主之所極然帥羣臣而首鄉之者，則舉義志也。如是，則下仰上以義矣，是綦定也。綦定而國定，國定而天下定。

仲尼無置錐之地，誠義乎志意，加義乎身行，著之言語，濟之日，不隱乎天下，名垂乎後世。今亦以天下之顯諸侯誠義乎志意，加義乎法則度量，著之以政事，案申重之以貴賤殺生，使襲然終始猶一也，如是，則夫名聲之部發於天地之閒也，豈不如日月雷霆然矣哉！故曰：以國齊義，一日而白，湯、武是也。湯以亳，武王以鄗，皆百里之地也，天下爲一，諸侯爲臣，通達之屬莫不從服，無它故焉，以濟義矣。是所謂義立而王也。

【译文】

领导全国人民来提倡礼义而绝不能用任何手段损害礼义，做一件不义的事，杀一个无罪的人就能取得天下，讲究仁德的人是不干的。他是如此之坚定，不仅用仁德来持养自己的思想，而且用礼义来治理自己的国家，其坚决程度简直是坚如磐石！之所以人们都愿意跟随他一起治理国家，那是因为他是努力推举奉行道义的人；之所以要在国内颁布刑法，是因为那都是一些合乎道义的法律；之所以急切地率领群臣去追求仁德礼义，那是因为都以仁德礼义为志趣。

这样做的结果，臣民景仰君主其实也就是为了实现仁德道义，因为这是良好政治的坚固基础。基础稳固了，国家就安定；国家安定了，天下就能得以平定。

孔子没有立锥之地，但他真诚地把道义护持在心灵深处，落实在立身行事上，表述在言谈话语中，一旦到了成功的时候，他就被天下人所敬仰，名声流传到后代。现在，也应该让天下那些显赫的诸侯，真诚地把仁德道义贯彻到自己的思想中，落实到礼制法律制度上，体现在政治事务中；再用提拔、废黜、处死、赦免等手段来反复强调它，这就会使仁义道德和礼制法度连续不断地落实下来。如果能够这样，那么他们的名声就会传扬于天地之间，这难道不是像日月雷霆一样的吗？所以说：让国家统一于道义上，一日之间就能名声显赫，商汤、周武王就是这样。商汤凭借亳邑，周武王凭借鄗京，都不过是百里见方的领土，结果天下却被他们统一了，各诸侯国都成了他们的臣属，道路所能到达的所有地方，没有不服从的。其实并没有其他的缘故，只是因为他们完全遵行道义罢了。这就是我所说的「义立而王」的道理。

【原文】

德雖未至也，義雖未濟也，然而天下之理略奏矣，刑賞已諾，信乎天下矣，臣下曉然皆知其可要也。政令已陳，雖覩利敗，不欺其民；約結已定，雖覩利敗，不欺其與。如是，則兵勁城固，敵國畏之；國一綦明，與國信之。雖在僻陋之國，威動天下，五伯是也。非本政教也，非致隆高也，非綦文理也，非服人之心也；鄉方略，審勞佚，謹畜積，修戰備，齺然上下相信，而天下莫之敢當。故齊桓、晉文、楚莊、吳闔閭、越句踐，是皆僻陋之國也，威動天下，彊殆中國。無它故焉，略信也。是所謂信立而霸也。

【译文】

德行虽然并不尽善尽美，道义虽然还没有完全做到，然而对于掌控天下的事理大体上已经掌握，刑罚、奖赏、禁止、承诺这些基本的手段，已经在天下获得承认，他们的臣属也都心里有底，知道他是可以结交共事的。于是，政令已经发布，即使看到自己的利益将要有所损害，也不失信于他的民众；盟约已经签订，即使看到自己的利益将要有所损害，也不失信于他的盟友。这样，他们就会军队能战斗，城防也牢固，他的敌国因此而都害怕他们；国内也统一，道义算彰明，他们的盟国也都信任他们。于是虽然住在偏僻落后的国家，他仍然可以威震天下，这就是五霸们的功业。他们的政治统治虽然并不是把礼义教化作为立国之本，没有达到崇高的精神境界，没有基于健全的礼仪制度，也并不让人心悦诚服；但是，由于他们注重手段和策略，明确地懂得使民众有劳有逸，认真积蓄，加强战备，君臣上下之间像牙齿啮合那样相互信任，相互配合，因而天下也就没有人敢和他们作对了。所以，齐桓公、晋文公、楚庄王、吴王阖闾、越王勾践，这些人都处在偏僻落后的国家，他们的权势却威震天下，他们的强盛危及中原各国。这没有别的缘故，就是因为他们能够言行信果。这就是我所说的信立而霸的道理。

【原文】

挈國以呼功利，不務張其義，齊其信，唯利之求，内則不憚詐其民而求小利焉，外則不憚詐其與而求大利焉，内不修正其所以有，然常欲人之有。如是，則臣下百姓莫不以詐心待其上矣。上詐其下，下詐其上，則是上下析也。如是，則敵國輕之，與國疑之，權謀日行而國不免危削，綦之而亡，齊閔、薛公是也。故用彊齊，非以修禮義也，非以本政教也，非以一天下也，緜緜常以結引馳外爲務。故彊，南足以破楚，西足以詘秦，北足以敗燕，中足以舉宋。及以燕、趙起而攻之，若振槁然，而身死國亡，爲天下大戮，後世言惡則必稽焉。是無它故焉，唯其不由禮義而由權謀也。

三者，明主之所以謹擇也，而仁人之所以務白也。善擇者制人，不善擇者人制之。

【译文】

领导全国人民去提倡功利，不致力于伸张道义、成就信用，只是唯利是图。对内肆无忌惮地欺诈他的人民以追求小利，对外则毫无顾忌地欺骗他的盟国以追求大利；不好好管理自己国内的人民和土地财富，却常常想取得别国所拥有的人民和土地财富。这样，他的臣属和民众，就无不以欺诈之心去对待自己的君主了。君主欺诈臣民，臣民欺诈君主，结果就是上下之间离心离德。于是乎，他的敌国就会轻视他，他的盟国也会怀疑他。权术谋略天天在搞，而国家也不免危险削弱；事情走到了极端，国家就灭亡了，齐闵王和孟尝君他们君臣之间就是这样的。当他们掌管着强大的齐国的时候，不是用手中的权力去修明礼义，更不是把仁德教化作为立国之本；他们不用礼义教化来统一天下，而是接连不断地把精力集中在对内相互勾结，拉帮结派，对外纵横捭阖，拉一个打一个。于是当他们强大起来的时候，向南能攻破楚国，向西能使秦国屈服，向北能打败燕国，中间能攻占宋国。但等到燕国和赵国联合起来进攻齐国的时候，真的像摧枯拉朽一样，结果是齐闵王身死，齐国灭亡，成为被普天下嘲笑的奇耻大辱。后代的人谈起恶人，就一定要提到他们。这其实并没有什么其他的缘故，只是因为他们不遵循礼义而专搞权术阴谋啊。

对于这三种治理国家的方法，英明的君主是一定要谨慎选择的，即使是讲究仁德的人，也一定要弄明白。善于选择的，就能制服别人；不善于选择的，别人就会制服他。

【原文】

國者，天下之大器也，重任也。不可不善爲擇所而後錯之，錯險則危；不可不善爲擇道然後道之，涂薉則塞，危塞則亡。彼國錯者，非封焉之謂也，何法之道，誰子之與也。故道王者之法與王者之人爲之，則亦王；道霸者之法與霸道之人爲之，則亦霸；道亡國之法與亡國之人爲之，則亦亡。三者，明主之所以謹擇也，而仁人之所以務白也。

【译文】

国家既是天下最大的公器，也是一副沉重的担子。所以，人们不可不好好地为它选择人才然后再为他安排位置，如果把国家放在一个险恶的人手里，那就危险了；也不可不好好地为它选择条道路然后再引导它前进，如果道路上杂草丛生，国家的历史车轮就会被挡死；既有危险，又被挡死，国家就要灭亡。我所说的国家安置问题，并不是指给它立好疆界，而是指国家要走什么样的道路，哪些人才是可以把国家的重任赋予他的人。所以，如果遵循王者的道路，并把国家交给那些奉行王道的人来治理，也就能称王于天下；如果遵循霸者的道路，并把国家交给那些奉行霸道的人来治理，也就能称霸于诸侯；如果遵循使国家灭亡的道路，并把国家交给那些奉行亡国之道的人去治理，国家也就会灭亡。国家有三种前途，英明的君主要谨慎地选择，而讲究仁德的人也一定要弄明白。

【原文】

故國者，重任也，不以積持之則不立。故國者，世所以新者也，是憚；憚，非變也，改王改行也。故一朝之日也，一日之人也。然而厭焉有千歲之固，何也？曰：援夫千歲之信法以持之也。安與夫千歲之信士爲之也。人無百歲之壽，而有千歲之信士，何也？曰：以夫千歲之法自持者，是乃千歲之信士矣。故與積禮義之君子爲之，則王；與端誠信全之士爲之，則霸；與權謀傾覆之人爲之，則亡。三者，明主之所以謹擇也，而仁人之所以務白也。善擇之者制人，不善擇之者人制之。

【译文】

治理国家是一个严肃的任务，不依靠长期积累起来的治理传统去掌管它，它就不能正常存在。所以，国家虽然在不同的时代都有不同的治理新形式，但它总是一种具有继承性的渐进；有继承性的渐进，并不是根本性的变革更不是革命。换一代君主就会改变一次行为方式并影响到他的国家的治理方式。所以，每一个朝代都有一种独特的政治运作方式，每一种政治运作方式都是由于君主换了人。但是为什么会有千年以上的王国安然稳固地长存于世呢？可以这样说：那是因为他们使用了千万年不变的永恒的法则。但我们去哪里寻找那些恪守信念的人才来和他一起治理国家呢？为什么人无百岁之寿而国有千岁之才呢？可以这样说：只要他恪守礼义法度那千万年不变的永恒法则，他就是千岁之才了。所以，如果和遵循古老礼义传统的君子一起治理国家，就可以成就王道的事业；如果和忠诚正直恪守信义的人一起治理国家，就可以称霸于天下；如果和爱搞权谋瞎捣乱的人一起治理国家，那就会颠覆国家，国破身亡。由于有这样三种治理国家的方略，英明的君主是要谨慎选择的，也是讲究仁德的人一定要弄明白的。善于选择的，就能征服别人；不善于选择的，就会被别人所制服。

【原文】

彼持國者，必不可以獨也。然則彊固、榮辱在於取相矣。身能相能，如是者王；身不能，知恐懼而求能者，如是者彊；身不能，不知恐懼而求能者，安唯便僻左右親比己者之用，如是者危削，綦之而亡。國者，巨用之則大，小用之則小，綦大而王，綦小而亡，小巨分流者存。巨用之者，先義而後利，安不卹親疏，不卹貴賤，唯誠能之求，夫是之謂巨用之。小用之者，先利而後義，安不卹是非，不治曲直，唯便僻親比己者之用，夫是之謂小用之。巨用之者若彼，小用之者若此，小巨分流者，亦一若彼，一若此也。故曰：「粹而王，駮而霸，無一焉而亡。」此之謂也。

【译文】

那些掌握了国家政权的人，肯定不可能单凭一个人力量就可以行使权力的。这样看来，国家是强大还是衰弱，是光荣还是耻辱，相当一部分就取决于选用宰相了。自己贤能，宰相也能干，这样的国家就可能为天下之王；自己不贤能，但懂得轻重而担忧并去寻找有才能的人，这样的国家可以因强大而称霸天下。自己不贤能，又不知道害怕并去寻求有才能的人，只是任用些善于阿谀奉承，依附自己的宠臣和身边的侍从亲信，这样的国家就会危险削弱，达到极点就会灭亡。国家如果大治，就会强大，如果小治就会弱小；极其强大就能称王天下，极其弱小就会灭亡；小大各占一半的则能得以幸存。所谓大治的国家，就是先考虑道义而后考虑财利，任人不分亲疏，不顾贵贱，只寻求真正有才能的人，这就叫做大治国家。所谓小治的国家，就是先考虑财利而后考虑道义，不顾是非，不管曲直，只是任用善于阿谀奉承，依附自己的宠臣和亲信，这就叫做小治国家。大治国家王天下，小治国家就灭亡。所谓小大各占一半的，也就是他既能任用一部分贤能的人，又要任用一部分宠臣和亲信。所以说：「纯正地以道义治国，任用贤能之人的就能称王天下，义利兼顾，贤人亲信都任用的就能称霸诸侯，一个贤能的人也用不好，他就会灭亡。」这话说的就是这个道理。

【原文】

國無禮則不正。禮之所以正國也，譬之猶衡之於輕重也，猶繩墨之於曲直也，猶規矩之於方圓也，既錯之而人莫之能誣也。《詩》云：「如霜雪之將將，如日月之光明，爲之則存，不爲則亡。」此之謂也。

【译文】

国家如果没有礼义制度就不能治理好。礼制之所以能用来治理国家，打个比方，就好像秤能用来分辨轻重，墨线能用来辨别曲直，圆规、三角尺能用来确定方圆一样。如果已经把礼义制度设置好了，举国上下也就没有人再没规没矩的了。《诗经》上说：「像霜雪那样肃杀无情，像日月那样正大光明，实行礼义制度能生存，不实行的就丧命。」说的就是这个道理。

【原文】

國危則無樂君，國安則無憂民。亂則國危，治則國安。今君人者，急逐樂而緩治國，豈不過甚矣哉？譬之是由好聲色而恬無耳目也，豈不哀哉？夫人之情，目欲綦色，耳欲綦聲，口欲綦味，鼻欲綦臭，心欲綦佚。此五綦者，人情之所必不免也。養五綦者有具，無其具，則五綦者不可得而致也。萬乘之國，可謂廣大、富厚矣，加有治辨、彊固之道焉，若是，則恬愉無患難矣，然後養五綦之具具也。故百樂者，生於治國者也；憂患者，生於亂國者也。急逐樂而緩治國者，非知樂者也。故明君者，必將先治其國，然後百樂得其中。闇君必將急逐樂而緩治國，故憂患不可勝校也，必至於身死國亡然後止也，豈不哀哉？將以爲樂，乃得憂焉；將以爲安，乃得危焉；將以爲福，乃得死亡焉；豈不哀哉？於乎！君人者，亦可以察若言矣。

【译文】

国家处于危险之中，君主就不会快乐；国家安定，就没有忧愁的民众。治理混乱，国家就危险；治理得好，国家就安全。现在当君主的人，急于追求享乐而懈于处理政务，这错误难道不是犯得太低级了吗？打个比方说吧，这就好像是爱好音乐的人没有耳朵，喜欢美色的人没眼睛，这难道不可悲吗？从人的性情来说，眼睛想看最漂亮的美女，耳朵想听最悦耳的音乐，嘴巴想吃美味佳肴，鼻子想闻到好味道，心里追求最大的安逸。追求这五种极好的享受，是人的性情所决定而不可避免的。但造成这些享受得有条件，不具备一定的条件，那么这五种享受也就不可能得到。拥有万辆兵车的国家，可以说得上是辽阔富裕的了，如果有一套使国家得到治理而强大巩固的治理措施，那就会安逸快乐而没有祸乱忧患，到了这个时候，五种享受的条件也就都具备了。所以，君主享受的各种快乐的事情，实际上来源于治理得好的国家；君主的忧愁祸难，产生于混乱的国家。急于追求享乐而放松国家治理的人，实际上是不懂得享乐的人。所以，英明的君主一定要先治理好自己的国家，然后所有快乐的享受，也都会从中得到。而昏庸愚昧的君主，总是迫不及待地想要追求享乐而放松治国，所以他的忧愁祸难也就总是多得不可胜数，一定要到了身死国亡才知道反省，难道不可悲吗？想要得到快乐，却从中得到了忧愁；想要求得安定，却总是处于危险之中；想要过幸福的生活，得到的却是死亡；这难道不是很可悲吗？唉哟！我可怜的君主们呀，你们还是想想我上面这些话吧。

【原文】

故治國有道，人主有職。若夫貫日而治詳，一日而曲列之，是所使夫百吏官人爲也，不足以是傷游玩安燕之樂。若夫論一相以兼率之，使臣下百吏莫不宿道鄉方而務，是夫人主之職也。若是，則一天下，名配堯、禹。之主者，守至約而詳，事至佚而功。垂衣裳，不下簟席之上，而海内之人莫

不願得以爲帝王。夫是之謂至約，樂莫大焉。

【译文】

所以，治理国家有一定的原则，君主有一定的职责。至于那连续数日而把事情办得周详完备，一天之内就左右逢源地做好各种事情，这是让那各级政府官吏去做的事情，不值得因此而妨碍自己游玩快乐的生活。至于选择一个宰相去全面地领导群臣百官，使群臣百官无不安守道义并向正确的方向去努力，这才是君主的职责！这样就能统一天下，名望可以和尧、禹相媲美。这样的君主，管的事儿虽然很少却反而十分周详，工作极为闲适却反而很有成效。他衣裳垂地，从不离开坐席一步，而天下的人则无不希望得到他，让他做帝王。这可以叫做高度的综合概括，天下没有比这更快乐的事了。

【原文】

人主者，以官人爲能者也；匹夫者，以自能爲能者也。人主得使人爲之，匹夫則無所移之。百畝一守，事業窮，無所移之也。今以一人兼聽天下，日有餘而治不足者，使人爲之也。大有天下，小有一國，必自爲之然後可，則勞苦秏顇莫甚焉。如是，則雖臧獲不肯與天子易埶業。以是縣天下，一四海，何故必自爲之？爲之者，役夫之道也，墨子之説也。論德使能而官施之者，聖王之道也，儒之所謹守也。傳曰：「農分田而耕，賈分貨而販，百工分事而勸，士大夫分職而聽，建國諸侯之君分土而守，三公摠方而議，則天子共己而已。」出若入若，天下莫不平均，莫不治辨，是百王之所同也，而禮法之大分也。

【译文】

君主以善于用人为有本事，平民百姓以自己能干为有本事。君主可以指使别人去做事，平民百姓就没地方推卸责任。一个农夫耕种一百亩土地，种地耗尽了他一生的精力，正是因为他没办法把这些事情推给别人。当今的君主，一个人同时治理着整个天下，时间反而绰绰有余而事情少得不够做，这是因为他可指使别人替他做事。权力大的当了天子，权力小的当了诸侯，如果所有的事情都要靠掌权的人去做才行，那一定是无比的辛劳艰苦，耗尽精力而憔悴。如果这样的话，那么，即使是当奴婢的，大概也不肯和天子换地位换职业了。既然你的权力掌管着整个天下，四海之内归你一人管理，为什么一定要亲自去做事呢？亲自去做各种事情，是下力气的人所做的事，那是墨子的学说。选拔有德者而使用有才能的人，把官职委任给他们，这是圣王的事业，儒家所谨慎遵守的就是这种圣王之道。古书上说：「农民分田去耕种，商人取货去贩卖，工匠努力去做工，士大夫分工理政事；诸侯国的国君，在分封的领土上守卫，三公统管各方面，把各种问题来商议；于是，做天子的什么事情都可以不做，拱手而治就是了。」朝廷外面这样，朝廷内部也是这样，天下处处协调一致，没有没人管的事，没有没人干的活，这是历代圣王的共

同做法，也是礼制法度的根本要领。

【原文】

百里之地，可以取天下，是不虚，其難者在人主之知之也。取天下者，非負其土地而從之之謂也，道足以壹人而已矣。彼其人苟壹，則其土地且奚去我而適它？故百里之地，其等位爵服，足以容天下之賢士矣；其官職事業，足以容天下之能士矣；循其舊法，擇其善者而明用之，足以順服好利之人矣。賢士一焉，能士官焉，好利之人服焉，三者具而天下盡，無有是其外矣。故百里之地，足以竭埶矣；致忠信，著仁義，足以竭人矣。兩者合而天下取，諸侯後同者先危。《詩》曰：「自西自東，自南自北，無思不服。」一人之謂也。

【译文】

凭着方圆百里的领土可以获得天下，这并不是子虚乌有的假话，它的难处在于，君主要懂得怎么样才能取得天下的道理。所谓取得天下，并不是说其他的国家都带着自己的土地去追随他，而是说有一种政治原则足以让天下的人团结在一个人的周围并服从这一个人的领导。也就是说，如果一国之君统治下的人都团结在国君的周围，那么他们脚下的土地又怎么会离开自己的国家而到别的国家去呢？所以，尽管只是方圆百里的领土，但它的等级、身份、爵位、服饰，却足够用来容纳天下的贤德之士了；它的官职和工作，足够用来容纳天下的能人了；根据它传统的法度，选择其中的好法度而把它公布实施，足以用来使贪图财利的人也驯服了。贤德之士和我团结一致，能干的人被我所任用，贪图财利的人也驯服了，这三者贪利之徒非为人才具备，那么天下就全都归我了，此外也就没有别的什么了。所以，凭着方圆百里的土地，已经足以用来集中全部的权势了；做到忠诚守信，彰明仁义，就完全可以号召所有的人了。这两者合起来，那么天下也就得到了，诸侯中归附晚的就可能先有危险。《诗经》上说：「从南到北，从西到东，没有哪个不想来服从。」说的就是让天下人团结在一个人周围的道理！

【原文】

羿、蠭門者，善服射者也；王良、造父者，善服馭者也；聰明君子者，善服人者也。人服而埶從之，人不服而埶去之，故王者已於服人矣。故人主欲得善射，射遠中微則莫若羿、蠭門矣；欲得善馭，及速致遠，則莫若王良、造父矣；欲得調壹天下，制秦、楚，則莫若聰明君子矣。其用知甚簡，其爲事不勞而功名致大，甚易處而綦可樂也。故明君以爲寶，而愚者以爲難。

【译文】

羿和逢蒙，善于折服射箭的人；王良和造父，善于折服驾车的人；聪明的君子，善于使所

有的人佩服自己。人们都敬佩并服从他，他也就不再有权势了。所以，称王天下的君主在达到使人敬佩服从的目的之后，也就不用再要求别的什么了。君主想要得到善于射箭的人，射得既远又准，没有比羿和逄蒙更好的了；想要得到善于驾车的人，驾上车子跑得既快又远，没有比王良、造父更好的人；想要得到治理并统一天下的人，制服秦、楚两国，没有比聪明的君子更好的人选了。聪明的君子使用心计非常少，他们做事不用自己费力气而功绩名声却很大，非常容易相处且会给人带来巨大的快乐。所以，英明的君主把他们当做宝贝，而愚蠢的君主却把他们看做是灾难。

【原文】

夫貴爲天子，富有天下，名爲聖王，兼制人，人莫得而制也，是人情之所同欲也，而王者兼而有是者也。重色而衣之，重味而食之，重財物而制之，合天下而君之；飲食甚厚，聲樂甚大，臺謝甚高，園囿甚廣，臣使諸侯，一天下，是又人情之所同欲也，而天子之禮制如是者也。制度以陳，政令以挾，官人失要則死，公侯失禮則幽，四方之國有侈離之德則必滅；名聲若日月，功績如天地，天下之人應之如景嚮，是又人情之所同欲也，而王者兼而有是者也。故人之情，口好味，而臭味莫美焉；耳好聲，而聲樂莫大焉；目好色，而文章致繁婦女莫衆焉；形體好佚，而安重閒靜莫愉焉；心好利而穀祿莫厚焉。合天下之所同願兼而有之，睪牢天下而制之若制子孫，人苟不狂惑戇陋者，其誰能睹是而不樂也哉？欲是之主並肩而存，能建是之士不世絶，千歲而不合，何也？曰：人主不公，人臣不忠也。人主則外賢而偏舉，人臣則爭職而妬賢，是其所以不合之故也。人主胡不廣焉無卹親疏，無偏貴賤，唯誠能之求？若是，則人臣輕職業讓賢，而安隨其後；如是，則舜、禹還至，王業還起。功壹天下，名配舜、禹，物由有可樂如是其美焉者乎？嗚呼！君人者亦可以察若言矣！楊朱哭衢涂，曰：「此夫過舉蹞步而覺跌千里者夫！」哀哭之。此亦榮辱、安危、存亡之衢已，此其爲可哀甚於衢涂。嗚呼哀哉！君人者千歲而不覺也。

【译文】

高贵得当上了天子，富裕得拥有了天下，被称为圣王，控制了所有的天下人，而别的人却谁也不能控制他，这是每个人在内心深处都想得到的东西，而只有称王天下的人才可能同时拥有这一切。穿五颜六色的好衣服，吃种类繁多的美味食品，拥有着多种多样的财物，兼并天下并统治它；饮食异常丰富，乐队阵容庞大，台阁高耸入云，园林广大禽兽多，把诸侯当做臣下来使唤，统一天下，这也是人们心中所共同追求的，而天子的礼仪制度正是这个样子。制度已经公布，政令已经贯彻；群臣百官谁敢违反就处死，公侯之爵谁敢违背也囚禁，四方诸侯之国，如果

有谁敢于离心离德，派兵立即消灭；名声响亮像日月，功绩伟大像天地，全天下的人如影随形般地前呼后拥，这也是人人心中都想得到的，而称王天下就可以完全拥有这一切。所以，就人的性情上说，谁都喜欢吃美味，可谁也没有君王吃得好；谁都喜欢听音乐，可谁也没有君王的乐器好，乐队大；谁都喜欢看美色，可谁也难像当王的人那样，满眼都是好景致，嫔妃宫女排成队；人的四体都喜欢安逸，而谁也难像当王的那样，安逸清闲享快乐；人的心里都喜欢财利，而谁也难像当王的那样，俸禄多而收益大。当王的把天下人所共同希望得到的所有东西全部拥有了，全天下的人也都归他来管，就像管自己的孩子们那样，除非那个人是个疯子、糊涂虫、笨蛋、傻瓜，谁能看到这些而不高兴呢？想要获得这一切的君主多得很，比肩接踵，成群结队，有能力创造出这种事业的人也是世世代代，不绝如缕，但这些人千年以来都没有能够很好地配合在一起，这是为什么呢？可以这样说：这是因为君主用人不公正，臣下对上不忠诚。君主排斥贤能的人而偏私地提拔亲信，臣子们也争权夺位而相互嫉贤妒能，这就是他们不能配合在一起的原因。那么，君主为什么不广招人才，不分亲疏、不讲贵贱，只找那些真正的贤能呢？因为如果能这样，臣子们也就因为它不值钱而看不上这些职位了，而宁肯把职位让给贤能的人并心甘情愿跟随着；如果能够这样，那么舜、禹就会重新到来，圣王的事业也就又能重新建立起来了。但如果有人取得了统一天下的功绩，名声可以和舜、禹媲美，那些东西还会像现在这样美好得让人乐不可支拼命追求吗？唉哟！那些当君主的人也该想想这些话了！杨朱在十字路口说道：“这大概就是那走错一步，等发现时就已经走错了千里的地方吧！”说着说着，他非常伤心地放声大哭起来了。用什么人的问题就好像是通往光荣或耻辱、安定或危险、生存或灭亡的十字路口啊，在这上面犯了错误所造成的悲哀，可要比在十字路口走错了路更加厉害。唉哟我的娘呀！痛心啊！那些当君主的怎么会都上千年了，却还是没有觉悟啊。

【原文】

無國而不有治法，無國而不有亂法；無國而不有賢士，無國而不有罷士；無國而不有愿民，無國而不有悍民；無國而不有美俗，無國而不有惡俗。兩者竝行而國在，上偏而國安，在下偏而國危；上一而王，下一而亡。故其法治，其佐賢，其民愿，其俗美，而四者齊，夫是之謂上一。如是則不戰而勝，不攻而得，甲兵不勞而天下服。故湯以亳，武王以鄗，皆百里之地也，天下爲一，諸侯爲臣，通達之屬莫不從服，無它故焉，四者齊也。桀、紂卽序於有天下之埶，索爲匹夫而不可得也，是無它故焉，四者竝亡也。故百王之法不同若是，所歸者一也。

【译文】

没有哪一个国家没有好的法令制度，没有哪一个国家没有坏的法令制度；没有哪一个国家没有贤能，没有哪一个国家没有笨蛋；没有哪一个国家没有唯唯听命的百姓，没有哪一个国

家没有凶狠强暴的刁民；没有哪一个国家没有美好的习俗，没有哪一个国家没有恶劣的习俗。上面这两种情况同时存在的，国家仍存在；偏于上一种情况的，国家就安定；偏于下一种情况的，国家就危险；全属于上一种情况的，就能称王天下；全属于下一种情况的就会灭亡。所以，如果国家的法令制度能使社会安定，它的辅佐大臣贤能，它的人民朴实善良，它的风俗习惯好，这四种条件齐备，那就可以称之为上一种情况。谁如果处在上一种情况之下，那么它的国家就可以不战而胜，不攻而破，不用兴师动众就天下服从了。商汤凭借亳，周武王凭着鄗，都不过是方圆百里的领土，而天下却被他们统一了，各诸侯国都做了他们的臣属，凡道路所通之处，没有不服从的。这其实没有什么其他的原因，就是因为上述四种条件他们都齐备了。夏桀、商纣王即使继承了天子的王位，实力雄厚，天生就掌握着统治天下的权势，但最后想要做个普通老百姓，也是求之不得的。这也没有什么其他的原因，就是因为上述四种条件他们一起都丧失掉了。各代君主的治国方略是如此的不同，但归结起来，就是这么一个道理。

【原文】

上莫不致愛其下而制之以禮；上之於下，如保赤子。政令制度，所以接下之人百姓；有不理者如豪末，則雖孤獨鰥寡必不加焉。故下之親上歡如父母，可殺而不可使不順。君臣上下，貴賤長幼，至於庶人，莫不以是爲隆正，然後皆內自省以謹於分，是百王之所以同也，而禮法之樞要也。然後農分田而耕，賈分貨而販，百工分事而勸，士大夫分職而聽，建國諸侯之君分土而守，三公揔方而議，則天子共己而止矣。出若入若，天下莫不平均，莫不治辨，是百王之所同而禮法之大分也。

【译文】

君上无不对他们的臣民给予爱护，因而用礼义来为他们提供生活秩序；君上对于臣民，就像爱护婴儿一样。之所以创设政令制度，是用来对待乱法、罢士、悍民、恶俗四下偏的；如果它有毫毛般尚未治理好的地方，则对于没人抚养的孤儿、没人照看的老人、鳏夫、寡妇，也一定要照顾到。所以臣民亲爱君主，高兴得就像热爱父母一样，即使杀了他们也不可能让他们对君主不顺从。君主、臣属、上级、下级，高贵的、卑贱的、年长的、年幼的，直到平民百姓，没有谁不把这礼义制度当成最高的行为准则，然后又都在内心反省自己而谨守本分，这是历代圣王治理国家的共同之处，也是礼制法度的关键。做到这些以后，农民就分得田地去耕种，商人就分取货物去贩卖，各种工匠分配一定的工作去努力，士大夫分任一定的职务去处理政务，诸侯国的国君分封一定的领土去守卫，三公总括各个方面的问题，商议对策。这样，天子只要让自己拱着手，无为而治就是了。朝廷外面这样，朝廷内部也是这样，天下所有的人都会协调一致，没有什么事情治理不好的，这是历代圣王所共同遵循的政治原则，也是礼制法度的根本要领。

【原文】

若夫貫日而治平，權物而稱用，使衣服有制，宮室有度，人徒有數，喪祭械用皆有等宜，以是用挾於萬物，尺寸尋丈，莫得不循乎制度數量然後行，則是官人使吏之事也，不足數於大君子之前。故君人者，立隆政本朝而當，所使要百事者誠仁人也，則身佚而國治，功大而名美，上可以王，下可以霸；立隆正本朝而不當，所使要百事者非仁人也，則身勞而國亂，功廢而名辱，社稷必危。是人君者之樞機也。故能當一人而天下取，失當一人而社稷危。不能當一人而能當千人百人者，說無之有也。既能當一人，則身有何勞而爲？垂衣裳而天下定。故湯用伊尹，文王用呂尚，武王用召公，成王用周公旦。卑者五伯，齊桓公閨門之內，縣樂奢泰遊抏之修，於天下不見謂修，然九合諸侯，一匡天下，爲五伯長。是亦無它故焉，知一政於管仲也。是君人者之要守也。知者易爲之興力而功名綦大。舍是而孰足爲也？故古之人有大功名者，必道是者也；喪其國，危其身者，必反是者也。故孔子曰：「知者之知，固以多矣，有以守少，能無察乎？愚者之知，固以少矣，有以守多，能無狂乎？」此之謂也。

【译文】

至于一天到晚忙里忙外把政务处理得当，根据万物的性能来利用万物，让各级官服都有一定的规格，住房都有一定的标准，役使的奴婢都有一定的编制，丧葬祭祀的器械用具都有和等级相适应的规定，把这种做法贯彻到各种事情中去，诸如尺寸寻丈之类的标准，无一不是遵循了法度然后才推行。但这些都是政府官员和衙门小吏所做的事，不值得在伟大的君主面前数数叨叨。所以，如果君主为本朝确立的最高准则完全得当，所任用的宰相真正有仁德，那他就会自身安逸而国家安定，功绩伟大而政声美懿，做得好可以称王，次一点可以称霸。如果为本朝所确立的最高准则不得当，任用宰相不具有真正的仁德，那他就会自身劳累而国家混乱，前功尽弃而声名狼藉。这样，国家就一定会危险。这是当君主的关键。所以，能恰当地任用一个人，就能取得天下；不能恰当地任用一个人，国家就会危险。有人说他虽不能恰当地任用一个好宰相，却能恰当地任用一千个人，一百个人，这在理论上是不可能的。如能恰当地任用一个好宰相，那么他自己又有什么值得劳累的事呢？只要穿着长袍无所事事地无为而治，天下也就安定了。所以商汤任用了伊尹，周文王任用了吕尚，周武王任用了召公，周成王任用了周公旦。功德低一点的是五霸，齐桓公整天呆在女人们的房间里，宫中悬挂乐器，奢侈放纵，游荡玩耍，但天下人并没因此而说他只顾享乐；相反地他还多次会盟诸侯，维护了天下的一统秩序，成为五霸之中第一人。这也没有其他的原因，只是知道把所有的政事放心地托付给管仲。这是当君主的基本要

领。聪明的人很容易想到在这上面下功夫，所以他的功业名望都很大。如果不把这一件事情做好，那么还有什么更值得去做呢？所以古代凡有伟大功名的人，一定是遵行了这一点；凡是国破身亡的君主，一定是违反了这一点。所以孔子说：「智者的知识，固然很多；运用的原则却是很少，怎么能不看到这一点呢？愚者的知识，本已很少，运用的原则却既多又乱，事情怎能不乱套？」说的就是这个道理。

【原文】

治國者，分已定。則主相、臣下、百吏各謹其所聞，不務聽其所不聞；各謹其所見，不務視其所不見。所聞所見，誠以齊矣，則雖幽閒隱辟，百姓莫敢不敬分安制以化其上，是治國之徵也。

【译文】

治理得好的国家，名分已经确定。于是，君主、宰相、大臣、百官就谨慎地各司其职，各守其分：只听自己该听的话，不想方设法打听自己不该听的话；只看自己该看的事，而不千方百计窥视自己不该看的东西。君主、宰相、大臣、百官的所见所闻，如果真的和各自的名分一致，那么即使是在那些遥远、封闭、隐蔽、偏僻的地方，百姓们也没人敢不守本分，不遵法度，并能自觉地用礼义来调整自己的行为，以实现礼治的秩序安排。这是治理得好的国家的标志。

【原文】

主道治近不治遠，治明不治幽，治一不治二。主能治近則遠者理，主能治明則幽者化，主能當一則百事正。夫兼聽天下，日有餘而治不足者如此也，是治之極也。既能治近，又務治遠；既能治明，又務見幽；既能當一，又務正百；是過者也。過，猶不及也。辟之，是猶立直木而求其景之枉也。不能治近，又務治遠；不能察明，又務見幽；不能當一，又務正百；是悖者也，辟之，是猶立枉木而求其景之直也。故明主好要而闇主好詳。主好要則百事詳，主好詳則百事荒。君者，論一相，陳一法，明一指，以兼覆之，兼炤之，以觀其盛者也。相者，論列百官之長，要百事之聽，以飾朝廷臣下百吏之分，度其功勞，論其慶賞，歲終奉其成功以效於君。當則可，不當則廢。故君人勞於索之，而休於使之。

【译文】

君主的统治原则是：处理手边的事而不管挨不着边的事，处理提出来的问题而不自己去瞎找事，只考虑根本性的事而不管各种各样的小事。君主能够处理好手头上的事，那么远处的事就会在它的影响下而处理得好；君主能处理好明确提出来的问题，那么还没有提出来的暗处的事就会在它影响下向好处转化；君主如果只处理好带根本性的大事，那么各种各样的小

事就会因此处理得当。政治管理的最高境界是这样的：兼听各种意见，然后综合成一个简单的问题，使得自己时间宽裕而显得轻松没事儿干。如果要求自己既能处理好手头上的事，还想永远管死别的所有的事；既能处理好提出来的问题，还想去主动寻找没有暴露出来的无数的问题；既能处理好根本性的大事，又想管好各种各样的小事；那就太过分了。走过分了，就和没有走到是一样的。打个比方说就是，你树起一根笔直的木头却要求它的影子弯弯曲曲。不能处理好手头上的事，却还总想管住所有天下事；不能明察提出来的问题，却总想去想清楚那些还没有暴露出来的问题；不能处理好根本性的大事，却总想管住天下那无数的各种各样的小事；这是荒谬的做法。打个比方说就是，你树起一根弯曲的木头却要求它的影子笔直笔直。

所以，英明的君主只希望抓住要领，而愚昧的君主才高兴啥事儿都管。君主只想抓要领，各种事情都周详；君主乐得管周详，大小事情全抛荒。做了君主的，只须选择一个好宰相，公布一套好法律，阐明一个好宗旨，用这种手段来全面地统治一切，普遍地洞察一切，从而来坐享自己的成功。做了宰相的，要选拔安排好各部门的长官，总管各种事情的分类处理，并以此来整顿朝廷大臣和各级官吏的职责分工；衡量他们的功劳，判断对他们的奖赏，年终拿他们的总的成绩和功劳呈报给君主，称职的就留用，不称职的就罢免。所以，当君主的人，忙就忙在寻觅贤相，这时要不辞劳苦，但在使用他以后，要学会放手享安逸。

【原文】

用國者，得百姓之力者富，得百姓之死者彊，得百姓之譽者榮。三得者具而天下歸之，三得者亡而天下去之；天下歸之之謂王，天下去之之謂亡。湯、武者，循其道，行其義，興天下同利，除天下同害，天下歸之。故厚德音以先之，明禮義以道之，致忠信以愛之，賞賢使能以次之，爵服賞慶以申重之，時其事、輕其任以調齊之，潢然兼覆之，養長之，如保赤子。生民則致寬，使民則綦理。辯政令制度，所以接天下之人百姓；有非理者如豪末，則雖孤獨鰥寡必不加焉。是故百姓貴之如帝，親之如父母，爲之出死斷亡而不愉者，無它故焉，道德誠明，利澤誠厚也。

【译文】

治国的君主，如能得到百姓为他卖力，就富足；如果为他拼死作战，就强大；如果得到百姓的称赞颂扬，那是荣耀。如果能够全部得到这所有的东西，天下人就会归附他；如果三种东西都没得到，那就是天下人叛离了他。天下人归附的称之谓王，天下叛离他，那就叫灭亡。商汤、周武王等人，遵循这条道路，奉行这种义理，兴办天下人的共同福利，除掉天下人的共同祸害，于是天下也就是他们的了。所以，做君主的就应该提高自己的道德名声来为人民作表率，彰明礼制道义来为人民指方向，努力做到忠诚守信以便爱护人民；尊崇贤人，任用能人，为这些

人安排职位，用爵位、服饰、赏赐、表扬去反复激励他们的自尊心以使他们自重；对于民众，要根据时节安排他们的劳动，减轻他们的负担，以便调动他们，平齐他们，广泛普遍地庇护他们，抚养他们，就像保护初生的婴儿一样。对人民的生活要尽量地宽厚，动员他们劳役打仗要极为合理。辨明并制定政策法令，安排并形成制度，这就是对待下民的办法；如果有不合理的政令制度，哪怕它像毛发尖一样的小，也会影响到没人抚养的孤儿、没人照顾的老人、鳏夫、寡妇这些弱势群体，所以一定要小心不要让负担加到他们头上，让他们无法正常地生活下去。这样，百姓对他就会像对待上帝一样的敬重，亲爱他就像亲爱自己的父母一样，即使为他豁出性命断然牺牲也会心甘情愿。这没有什么其他的原因，只是因为君主的人品确实诚信而贤明，君主的恩泽确实真实而丰厚罢了。

【原文】

亂世不然：汙漫、突盜以先之，權謀傾覆以示之，俳優、侏儒、婦女之請謁以悖之，使愚詔知，使不肖臨賢，生民則致貧隘，使民則綦勞苦。是故百姓賤之如偃，惡之如鬼，日欲司閒而相與投藉之，去逐之。卒有寇難之事，又望百姓之爲己死，不可得也。說無以取之焉。孔子曰：「審吾所以適人，適人之所以來我也。」此之謂也。

【译文】

混乱社会的君主却不是这样。他们污秽卑鄙，强取豪夺，并强使民众上行下效；他们玩弄权谋，相互之间倾轧陷害，并以此为民众作示范；他们让演员、矮子、妇女之类的人徇私枉法来搞乱社会，让愚蠢的人去教导聪明人，让不三不四的人去领导有德有才的人，把民众的生活弄得极为贫穷而困难，动员民众劳役打仗，搞得他们极其疲劳而辛苦。所以，民众鄙视他们，就像鄙视邪恶的歪腰罗锅；厌恶他们，就像厌恶鬼魅一样。民众每时每刻都想寻找机会，以便联合起来把他们打倒在地，再踏上一只脚。如果突然发生了外敌入侵和内部动荡，他竟然还指望民众来为自己卖命，而这是不可能的。任何理论学说都不会鼓吹这样的事。孔子说：「你们仔细观察我是怎样待人的，就会明白别人之所以那样待我的态度实际上是从我这里来的。」说的就是这个道理。

【原文】

傷國者何也？曰：以小人尚民而威，以非所取於民而巧，是傷國之大災也。大國之主也，而好見小利，是傷國；其於聲色、臺榭、園囿也，愈厭而好新，是傷國。不好循正其所以有，啖啖常欲人之有，是傷國。三邪者在匈中，而又好以權謀傾覆之人斷事其外。若是，則權輕名辱，社稷必危，是傷國者也。大國之主也，不隆本行，不敬舊法，而好詐故，若是，則夫

朝廷羣臣亦從而成俗於不隆禮義而好傾覆也。朝廷羣臣之俗若是，則夫衆庶百姓亦從而成俗於不隆禮義而好貪利矣。君臣上下之俗莫不若是，則地雖廣，權必輕；人雖衆，兵必弱；刑罰雖繁，令不下通。夫是之謂危國，是傷國者也。

【译文】

危害国家的都是些什么呢？我们可以说：让小人骑在民众头上作威作福，用非法的手段向人民搜刮勒索却十分巧妙，这是危害国家的重大灾难。身为大国的君主，却喜欢关注一些小利益，这会危害国家；他对音乐美女、亭台楼阁、园林兽苑之类，不仅乐此不疲而且喜新厌旧，这也会危害国家；不爱好好地管理自己已有的土地财富，却总是馋涎欲滴地想得到别人的土地财富，这更会危害国家。有这样三种邪恶的念头在胸中，而又喜欢那些阴谋权术、倾轧陷害的人在地方上决断政事。这样做的结果，君主就会一天天权势轻微、声名狼藉，国家政权必然危险，这就是危害国家的君主。身为大国的君主，却不尊崇根本性的道德行为，不尊重传统的治理法则，而喜欢搞欺诈，于是乎，朝廷上群臣也就跟着养成一种不尊崇礼义而喜欢倾轧陷害的习俗。朝廷上群臣的习俗这个样，民众们也就会跟着养成一种不尊崇礼义而喜欢贪图财利的习俗了。君臣上下的习俗无不如此，那么领土即使辽阔，它的权势也必然轻微；人口即使众多，兵力也必然衰弱；刑罚即使繁多苛重，政令也仍然不能向下贯通。这就可以称之为危险的国家，这就可以称之为危害国家的君主。

【原文】

儒者爲之不然，必將曲辨。朝廷必將隆禮義而審貴賤，若是，則士大夫莫不敬節死制者矣。百官則將齊其制度，重其官秩，若是，則百吏莫不畏法而遵繩矣。關市幾而不征，質律禁止而不偏，如是，則商賈莫不敦愨而無詐矣。百工將時斬伐，佻其期日而利其巧任，如是，則百工莫不忠信而不楛矣。縣鄙將輕田野之稅，省刀布之斂，罕舉力役，無奪農時，如是，則農夫莫不樸力而寡能矣。士大夫務節死制，然而兵勁。百吏畏法循繩，然後國常不亂。商賈敦愨無詐則商旅安，貨通財，而國求給矣。百工忠信而不楛，則器用巧便而財不匱矣。農夫樸力而寡能，則上不失天時，下不失地利，中得人和，而百事不廢。是之謂政令行，風俗美，以守則固，以征則彊，居則有名，動則有功。此儒之所謂曲辨也。

【译文】

儒者做事就不是这样的，他们一定要左右逢源地把家国的事情办好。在朝廷上，他们一定会尊崇礼义而明辨贵贱，于是乎，士大夫就会一个个看重节操、为礼制而殉身。对于群臣百官，儒者将统一他们的管理制度，注重他们的官职俸禄，于是乎，群臣百官就无不害怕法度而遵守行

为准则。对于关卡和集市，儒者进行检查但却可能不征税，对于贸易往来，儒者禁止在抵债券上弄虚作假，并且不偏听偏信一面之词，于是乎，商人无不忠厚老实而不欺诈。对于各种工匠，儒者将要求他们按时令砍伐木材，放宽对他们的限期以便他们发挥自己的技巧，完成自己的使命，于是乎，各种工匠就会无不忠诚老实而不粗制滥造了。在广大农村，儒者将减轻对农田的税收，减少货币的搜刮，少发动劳役，不占用农忙季节，于是乎，农民就无不朴实地卖力耕种，专心务农而很少想着去学其他的技能了。士大夫追求名节而殉身礼制，这样，国家军队的战斗力就会增强。群臣百官也会因为害怕法制而遵守自己的行为准则，这样国家就常常是有条不紊的。商人敦厚老实不欺诈，流动的商贩就会安全而保险，货物和钱财就能流通而无碍，而国家的各种要求就能得到供给。各种工匠忠诚守信而不粗制滥造，器械用具就做得精巧便利，国家财政也就不再匮乏了。农民朴实地卖力耕作而不从事其他行业，就会上不失天时，下不失地利，中间能够得人和，各种事情不荒废。这就叫做政令通行，风俗美好。凭借这种政治局面，防守敌人进攻会牢固，出兵征战也会很有战斗力；安居无事有声望，采取行动有功绩。这就是儒家所说的左右逢源的治国之道。

君道篇第十二

【原文】

有亂君，無亂國；有治人，無治法。羿之法非亡也，而羿不世中；禹之法猶存，而夏不世王。故法不能獨立，類不能自行，得其人則存，失其人則亡。法者，治之端也；君子者，法之原也。故有君子則法雖省，足以偏矣；無君子則法雖具，失先後之施，不能應事之變，足以亂矣。不知法之義而正法之數者，雖博，臨事必亂。故明主急得其人，而闇主急得其埶。急得其人，則身佚而國治，功大而名美，上可以王，下可以霸；不急得其人而急得其埶，則身勞而國亂，功廢而名辱，社稷必危。故君人者勞於索之，而休於使之。《書》曰：「惟文王敬忌，一人以擇。」此之謂也。

【译文】

只有搞乱国家的君主，没有自行混乱的国家；有治理国家的人才，没有自行治理的法度。后羿的箭法并没有失传，但后羿并不能让学射箭的人都百发百中；大禹的法度仍然存在，但夏后氏并不能世世代代称王天下。所以，法律不可能离开人而单独有所建树，抽象的名类也不可能自动运行。得到了善于治国的人才，国家就能存在；得不到治国之才，国家也就灭亡了。法度是政治的前提，君子是法度的本源。一旦得到了君子，法律虽简略，也能解决普遍的社会治理问题；没有君子，法律再完备，也会因应用程序上的先后不当，而难以应付政治事务的千变万化，结果还是会形成混乱。不懂得法治的深义而只会制定法律条文，条文即使再完备，一碰到具体的事还是会昏乱不堪。所以英明的君主总是急于得到治国的人才，而愚昧的君主却总是急于

取得权势。那些着力于募求治国之才的君主，自身安逸而国家安定，功绩伟大而名声美好，上可以称王天下，下可以称霸诸侯；不懂得寻找治国之才而只是急于取得权势的君主，自身很劳苦而国家却很混乱，功业不成而声名狼藉，他的国家政权也一定会处于危险之中。所以，当君主的人总是在募求人才时劳累，人才一旦被任用，他就可以安逸地坐观其成了。《尚书》中说："只有文王恭敬戒惧，亲至渭水访求人才。"说的就是这种事。

【原文】

合符節，别契券者，所以爲信也。上好權謀，則臣下百吏誕詐之人乘是而後欺。探籌、投鉤者，所以爲公也；上好曲私，則臣下百吏乘是而後偏。衡石、稱縣者，所以爲平也；上好傾覆，則臣下百吏乘是而後險。斗斛、敦、槩者，所以爲嘖也；上好貪利，則臣下百吏乘是而後豐取刻與，以無度取於民。

故械數者，治之流也，非治之原也。君子者，治之原也。官人守數，君子養原，原清則流清，原濁則流濁。故上好禮義，尚賢使能，無貪利之心，則下亦將綦辭讓，致忠信而謹於臣子矣。

如是則雖在小民，不待合符節、别契券而信，不待探籌、投鉤而公，不待衡石、稱縣而平，不待斗、斛、敦、槩而嘖。故賞不用而民勸，罰不用而民服，有司不勞而事治，政令不煩而俗美。百姓莫敢不順上之法，象上之志，而勸上之事，而安樂之矣。故藉斂忘費，事業忘勞，寇難忘死，城郭不待飾而固，兵刃不待陵而勁，敵國不待服而詘，四海之民不待令而一。夫是之謂至平。《詩》曰："王猷允塞，徐方既來。"此之謂也。

【译文】

人们之所以核对符节，分执契券，是为了使社会生活有信用。如果君主喜欢搞权术阴谋，所有的大官小吏中那些搞欺骗诡诈的人就会乘机跟着欺上瞒下。人们之所以抽签抓阄，是为了获得一种社会的公正；但如果君主喜欢偏私，所有的大官小吏也就会乘机跟着结党营私。人们之所以用秤来称量，是为了获得一种社会性的公平；但如果君主喜欢破坏规则，所有的大官小吏也就会乘机跟着胡作非为。人们之所以使用各种量器量具，是为了全社会有一个统一的标准；但如果君主热衷于贪图财利，所有的大官小吏就会乘机跟着多拿少给沾便宜，其结果也就是无限度地盘剥民众。

所以各种有助于治理的器物与方法，只是政治的末流，并不是政治的源头。只有君子才是政治的源头。官吏们应该拘守具体的法律条文，君主则应该努力保养源头。源头清澈，下游的流水也清澈；源头混浊，下游的流水也浑浊。所以，如果君主爱好礼义，尊重贤人，任用能人，不贪图财利，那么臣下也就会极为谦让，致力于忠诚信守而安分守己地做一个臣子了。

这样就会在普通民众中形成一种社会风气，用不着核对符节、分执契券就能做到相互信任，用不着抽签、抓阄就能形成社会的公正，用不着衡器称量就能形成社会公平，用不着要各种量器量具就能做到人人心中有个统一的标准。所以，用不着奖赏民众就能勤勉，用不着刑罚民众就能顺服，大官小吏用不着费力劳苦事情就能处理好，不用那么多的政策法令社会上的风俗习惯就能美善起来。民众中没有人敢于不顺服君主的法令，都依照君主的意志而努力为君主卖力做事，并且从容快乐地享受到了美好的生活。纳税时不觉得破费，工作时不觉得疲劳，战争来了都能舍生忘死。城墙不用修整就坚固，兵器不用淬火就锋利，敌国不用征服就屈从，所有天下的民众用不着命令就能协调一致。这可以称之谓最高境界的太平。《诗经》上说：「伟大的王道满四海，远方的徐国来朝拜。」说的就是这种情形。

【原文】

請問爲人君？

曰：以禮分施，均徧而不偏。

請問爲人臣？

曰：以禮待君，忠順而不懈。

請問爲人父？

曰：寬惠而有禮。

請問爲人子？

曰：敬愛而致文。

請問爲人兄？

曰：慈愛而見友。

請問爲人弟？

曰：敬詘而不苟。

請問爲人夫？

曰：致功而不流，致臨而有辨。

請問爲人妻？

曰：夫有禮，則柔從聽侍；夫無禮則恐懼而自竦也。

此道也，偏立而亂，俱立而治，其足以稽矣。

請問兼能之奈何？

曰：審之禮也。

古者先王審禮以方皇周浹於天下，動無不當也。故君子恭而不難，敬而不鞏，貧窮而不約，富貴而不驕；竝遇變態而不窮，審之禮也。故君子之於禮，敬而安之；其於事也，徑而不失；其於人也，寡怨寬裕而無

阿；其所爲身也，謹修飾而不危；其應變故也，齊給便捷而不惑。其於天地萬物也，不務説其所以然而致善用其材；其於百官之事、技藝之人也，不與之爭能而致善用其功。其待上也，忠順而不懈；其使下也，均偏而不偏；其交遊也，緣義而有類；其居鄉里也，容而不亂。是故窮則必有名，達則必有功；仁厚兼覆天下而不閔，明達用天地、理萬變而不疑，血氣和平，志意廣大，行義塞於天地之間，仁知之極也。夫是之謂聖人。審之禮也。

【译文】

请问怎样才能做一个好君主？

回答说：要按照礼义施舍，而且分配还要公平而不偏私。

请问怎样做好一个臣子？

回答说：要按照礼义去侍奉君主，忠诚顺从而不懈怠。

请问怎样做一个好父亲？

回答说：要宽厚仁爱，而且要有礼有节。

请问怎样做一个好儿子？

回答说：要敬爱父母而且极讲礼貌。

请问怎样做一个好哥哥？

回答说：要仁慈地爱护弟弟并且表现自己的友爱。

请问怎样做一个好弟弟？

回答说：要恭敬顺服兄长而一丝不苟。

请问怎样做一个好丈夫？

回答说：要努力取得功业而又不在外面放荡淫乱，尽量亲近妻子而又要懂得男女有别。

请问怎样做一个好妻子？

回答说：如果丈夫遵行礼义，就要温柔顺从地听命并侍候他；如果丈夫不遵礼义，就诚惶诚恐地独自肃敬自省。

这些不同社会角色的身份原则，如果只是部分地做到了，天下就仍然会混乱；如果全部实现了，天下就会大治；因为这些原则已经足够用来作为不同身份角色的楷模了。

那么请问，要全部做到这些又该怎么办呢？

回答说：必须先把礼义的内涵弄得清楚明白。

古圣王因为把礼义的内涵全部弄得清楚明白，并且普遍推行于天下，所以他们的行动就没有什么不妥当的。所以君子是谦恭的但又不胆怯，保持肃敬但又不畏首畏尾，虽然贫穷却不卑躬屈膝，即使富贵也不骄横放纵；遇到各种事变也能应付自如而不会束手无策，这都是因为把

礼义弄得清楚明白的缘故。所以，君子对于礼义，要敬重并遵守它；对于日常事务，做起来简洁明快却又不会出差错；对于别人，君子很少会埋怨，总是宽宏大量有气度，却也不阿谀逢迎；君子做人的原则，就是要谨慎地加强修养而不做冒险欺诈的事情；君子应付事变是迅速敏捷而不会糊涂的。对于天地万物，君子并不要求花费很大的精力解说清楚它们形成的原因，而只是想着怎么样能够很好地利用天地万物来为人类的生活服务；君子对于各种官府中的官吏和有技术的人才，并不会和他们竞争技能的高下，而只是要很好地利用各种人才的工作成就。君子侍奉君主，忠诚顺从而不懈怠；使唤下边的人，公道而不偏私；君子与人交往，遵循道义有法度；君子即使住在乡下，也能保持宽容待人的道德境界而不会胡作非为。所以，君子处境穷困时也一定享有名望，功名显达的时机一旦来临，就一定能建功立业；君子们的仁爱宽厚普照天下，没有任何昏暗的角落；君子的明智通达能够利用天地万物，处理各种事变都不会疑惑不定；他心平气和，思想开阔，德行道义充满天地之间，是仁德智慧的最高境界。这种人就可以称之为圣人。圣人之所以成为圣人，是因为他们把礼义的内涵弄得清楚明白的缘故啊。

【原文】

請問爲國？

曰：聞修身，未嘗聞爲國也。君者，儀也，儀正而景正；君者，槃也，槃圓而水圓；君者，盂也，盂方而水方。君射則臣決。楚莊王好細

腰，故朝有餓人。故曰：聞修身，未嘗聞爲國也。

【译文】

请问，君主是怎样治理国家的呢？

回答说：我只听说君主要修养自身的品德，从不曾听说过怎样去治理国家。君主就像测定时刻的标杆（民众像标杆的影子），标杆正直影子也正直。君主就像盘子（民众像盘里的水），盘子圆，盘里的水也呈圆形。君主如果像盂（民众像盂中的水），盂方，盂中的水也就呈方形。君主要射箭，臣子就会扣动扳机。楚庄王喜欢细腰的人，所以朝廷上就会出现饿得面黄肌瘦的臣子。所以说：我只听说君主要提高自身的道德修养，从不曾听说过怎样治理国家。

【原文】

君者，民之原也。原清則流清，原濁則流濁。故有社稷者而不能愛民，不能利民，而求民之親愛己，不可得也。民不親不愛，而求其爲己用，爲己死，不可得也。民不爲己用，不爲己死，而求兵之勁，城之固，不可得也。兵不勁，城不固，而求敵之不至，不可得也。敵至而求無危削，不滅亡，不可得也。

危削滅亡之情舉積此矣，而求安樂，是狂生者也。狂生者，不胥時而落。故人主欲彊固安樂，則莫若反之民；欲附下一民，則莫若反之政；

欲修政美國，則莫若求其人。

彼或蓄積而得之者不世絶。彼其人者，生乎今之世而志乎古之道，以天下之王公莫好之也，然而于是獨好之；以天下之民莫欲之也，然而于是獨爲之。好之者貧，爲之者窮，然而于是獨猶將爲之也，不爲少頃輟焉。曉然獨明於先王之所以得之，所以失之，知國之安危臧否若别白黑。是其人者也，大用之則天下爲一，諸侯爲臣；小用之則威行鄰敵；縱不能用，使無去其疆域，則國終身無故。故君人者，愛民而安，好士而榮；兩者無一焉而亡。《詩》曰：「介人維藩，大師維垣。」此之謂也。

【译文】

君主就像人民的源头。源头清澈，下游的流水也清澈；源头浑浊，下游的流水也浑浊。所以，如果掌握了国家政权的人不能够爱护人民，不能让民众获得利益，却要求民众对自己亲近爱戴，那是不可能的。民众不亲近不爱戴自己，要想让民众为己所用，为国牺牲，那也是不可能的。民众不为己所用，不为国牺牲，想要兵力强大，城防坚固，那是不可能的。兵力不强，城防不固，想让敌人不来侵犯，恐怕也是不可能的。敌人进攻时想要国家不危险削弱，不灭亡，更是不可能。

使得国家危险削弱乃至于灭亡的条件全都具备了，你却还想安逸快乐，那你就是个狂妄无知的人。狂妄无知的人，等不了多久就会衰败死亡。所以君主想要国家强大稳固从而自己也获得安逸快乐，没有比回到关注民众上来更有效了；想要让臣下归附，民众一心，没有什么比把心放到政事上来更有效的了；想要办好政事，国家美好，没有比募求善于治国的人更有效的了。

善于治国的人，由于文明的积淀，每一个世代都不会断绝。有一些生活在现代而向往着古代政治原则的人，因为天下的君主都不喜欢那些原则，这样的人独独偏爱之；因为天下的百姓都不喜欢那些原则，这样的人独独承传它。然而偏爱古代政治原则的就会贫穷，遵行古代政治原则的就会困厄，然而仍然有那样一些人偏偏就是喜欢这样做，并不因此而稍有片刻停止。

然而毕竟还是有一些人能够清楚地了解古代帝王之所以获得国家政权，之所以失去国家政权的原因，他们了解国家的安危，政治的好坏就像分辨黑白一样清楚。这种善于治国的人，如果能得到君主的重用，天下就能被统一，诸侯就会来称臣；如果只是被君主随便用用，威势也能扩展到邻邦敌国；即使君主不能任用这些人，如果能让他们不离开自己的国土，这国家在他活着的时候也不会有什么问题。所以，当君主的人，能爱护民众就安宁，喜欢士人就荣耀；如果这两者一样都没有，那就会灭亡。《诗经》上说：「贤人雅士，国家屏障，民众拥护，国家有围墙。」说的就是这个道理。

【原文】

道者何也？

曰：君道也。

君者何也？

曰：能羣也。

能羣也者何也？

曰：善生養人者也，善班治人者也，善顯設人者也，善藩飾人者也。善生養人者人親之，善班治人者人安之，善顯設人者人樂之，善藩飾人者人榮之。四統者俱而天下歸之，夫是之謂能羣。不能生養人者人不親也，不能班治人者人不安也，不能顯設人者人不樂也，不能藩飾人者人不榮也。四統者亡而天下去之，夫是之謂匹夫。

故曰：道存則國存，道亡則國亡。省工賈，衆農夫，禁盜賊，除姦邪，是所以生養之也。天子三公，諸侯一相，大夫擅官，士保職，莫不法度而公，是所以班治之也。論德而定次，量能而授官，皆使其人載其事而各得其所宜。上賢使之爲三公，次賢使之爲諸侯，下賢使之爲士大夫，是所以顯設之也。修冠弁、衣裳，黼黻，文章、琱琢，刻鏤皆有等差，是所以藩飾之也。

故由天子至於庶人也，莫不騁其能，得其志，安樂其事，是所同也。衣煖而食充，居安而遊樂，事時制明而用足，是又所同也。若夫重色而成文章，重味而成珍備，是所衍也。聖王財衍以明辨異，上以飾賢良而明貴賤，下以飾長幼而明親疏。上在王公之朝，下在百姓之家，天下曉然皆知其非以爲異也，將以明分達治而保萬世也。故天子諸侯無靡費之用，士大夫無流淫之行，百吏官人無怠慢之事，衆庶百姓無姦怪之俗，無盜賊之罪，其能以稱義徧矣。故曰：「治則衍及百姓，亂則不足及王公。」此之謂也。

【译文】

道这个词说的是什么意思呢？

回答说：是君主遵行的原则。

那么君这个词说的又是什么意思呢？

回答说：君就是能够把人们组织成社会群体的人。

所谓能够把人组织成社会群体，又是什么意思呢？

回答说：善于抚养人，善于治理人，善于任用人，善用服饰区分人。善于抚养人的人们就亲近他，善于治理人的人们就服从他，善于任用人的人们就喜欢他，善用服饰区分人的人们就赞美他。这四个要领具备，天下的人就会归顺他，这就叫做能把人们组织成社会群体的君主。不会抚养人的人们就不会亲近他，不能治理人的人们就不会服从他，不善任用人的人们就不会喜欢他，不用服饰区分人的人们就不会赞扬他。这四个要领都做不到，天下人就会背离他，这就叫做一介匹夫。

所以说：正确的政治原则存在，国家就存在；正确的政治原则丧失，国家就灭亡。减少手工业者和商人，增多农民人数，禁止小偷强盗，惩罚奸诈邪恶之徒，这就是抚养人的办法。天子配备太师、太傅、太保，诸侯配备一个相，大夫独掌某一官职，士人谨守职责，无不按照法令制度而秉公办事，这就是治理人的办法。审察德行以确定等级，衡量才能以授予官职，使他们每人都承担各自的工作而且各得其所。上贤的人才让他们担任三公，次一等的贤才让他们做诸侯，下等的贤才让他们当大夫，这就是任用人的办法。修饰帽子衣裳，在礼服上绘制各种彩色花纹，在各种器具上雕刻图案，让它们显示出一定的等级差别，这就是以服饰区分人的办法。

所以，从天子一直到普通民众，没有谁不想施展自己的才能，实现自己的志向，安逸愉快地从事自己的工作，这是所有的人都一样的。穿得暖吃得饱，住得安适，玩得快乐，事情办得及时，制度清楚明白，财物用度充足，这些愿望也是所有的人都一样的。至于衣冠服饰上绘制各种颜色的花纹，调味品齐备而把食物烹煮成美味佳肴，这已经是富饶有余的表现了。圣王就是要控制好这种富饶有余的东西以便彰明各等级的差别，从大处讲是用来装饰贤能善良的人而显示不同的地位和身份的高低，从小处说是要装饰男女老少而用来表明人们的亲疏关系。政治地位高的君主、王公在朝堂，政治地位低的百姓在家庭，天下人都清楚明白地知道，这些差别并不是要故意制造等级差别，而是要用它来明确各人名分，以达到治理的目的，从而保持千秋万代永远太平。所以，天子诸侯并没有浪费的用度，士大夫也没有放荡的行为，大官小吏也没人敢对政事有

所怠慢，普通民众中没有奸诈怪僻的风俗习惯，没有偷盗抢劫的罪行，这就可以说是道义得到了普及。所以说：「国家安定，那就会让财富享受恩泽到普通民众；国家一旦混乱，就连王公天子也会生活拮据。」说的就是这个道理。

【原文】

至道大形，隆禮至法則國有常，尚賢使能則民知方，纂論公察則民不疑，賞克罰偷則民不怠，兼聽齊明則天下歸之。然後明分職，序事業，材技官能，莫不治理，則公道達而私門塞矣，公義明而私事息矣。如是，則德厚者進而佞說者止，貪利者退而廉節者起。《書》曰：「先時者殺無赦，不逮時者殺無赦。」人習其事而固，人之百事如耳目鼻口之不可以相借官也。故職分而民不探，次定而序不亂，兼聽齊明而百事不留。如是，則臣下百吏至於庶人莫不修己而後敢安正，誠能而後敢受職，百姓易俗，小人變心，姦怪之屬莫不反愨。夫是之謂政教之極。故天子不視而見，不聽而聰，不慮而知，不動而功，塊然獨坐而天下從之如一體，如四胑之從心，夫是之謂大形。《詩》曰：「溫溫恭人，維德之基。」此之謂也。

【译文】

最好的政治原则的伟大成效是，推崇礼义，法律至上，国家就会有常规；尊重贤德的人，任

用有才能的人，民众就有了明确的努力方向；　集中审查，公正考察，民众就不会疑惑；　奖勤罚懒，民众就会不懈怠；　兼听则明，天下人就会归顺他。　然后明确名分职责，根据事情轻重缓急有次序地安排工作，安排有技能的人做事，任用有能力的人当官，所有的事情都得到了治理，于是为公家效劳的道路畅通而谋私的门径就被堵住了，公平正义的原则得以昌明而谋私的事情就止息了。　这样的话，品德淳厚的人就得到起用而巧言谄媚的人就受到遏止，贪图财利的人被黜退而廉洁奉公的人被提拔。《尚书》上说：「在规定的时间之前行动，要杀而不赦；　没有来得及赶上规定的时间而落了后的，也要杀而不赦。」人们往往因为熟悉了自己的工作而习惯于固守本职工作，人们的这种各种各样的分工就像耳朵、眼睛、鼻子、嘴巴等器官不能相互替代一样。所以，职业分工确定之后，民众就不会再心猿意马而企求别的职业；　等级秩序确定之后，社会秩序就不会混乱；　同时听取各种意见，情况完全弄清楚之后，各种工作就不会拖拉扯皮。　这样的话，从大官小吏直到平民百姓就无不在提高了自己的修养以后才敢安居，真正有了才能以后才敢接受官位；　民众改变了习俗，小人转变了思想，奸邪怪僻之流无不转向诚实谨慎，这叫做政治教化的最高境界。　所以天子不用视察就能发现问题，不用听政就能明白真相，不用思虑就能知道事理，不用动手就能功成业就，岿然不动地独自坐着而天下人对他的服从就像一个身体的协调一致一样，就像四肢服从心灵的支配一样，这就是最好的政治原则的伟大成效。《诗经》上说：「温柔谦恭的人们，是以道德为根本。」说的就是这个道理。

【原文】

爲人主者，莫不欲彊而惡弱，欲安而惡危，欲榮而惡辱，是禹、桀之所同也。要此三欲，辟此三惡，果何道而便？曰：在慎取相，道莫徑是矣。故知而不仁不可，仁而不知不可，既知且仁，是人主之寶也，而王霸之佐也。不急得，不知；得而不用，不仁。無其人而幸有其功，愚莫大焉。

今人主有六患：使賢者爲之，則與不肖者規之；使知者慮之，則與愚者論之；使修士行之，則與汙邪之人疑之。雖欲成功，得乎哉？譬之是猶立直木而恐其景之枉也，惑莫大焉。語曰：「好女之色，惡者之孽也。公正之士，衆人之痤也。循乎道之人，汙邪之賊也。」今使汙邪之人論其怨賊而求其無偏，得乎哉？譬之是猶立枉木而求其景之直也，亂莫大焉。

故古之人爲之不然。其取人有道，其用人有法。取人之道，參之以禮；用人之法，禁之以等。行義動靜，度之以禮；知慮取舍，稽之以成；日月積久，校之以功。故卑不得以臨尊，輕不得以縣重，愚不得以謀知，是以萬舉不過也。故校之以禮，而觀其能安敬也；與之舉錯遷移，而觀其能應變也；與之安燕，而觀其能無流慆也；接之以聲色、權利、忿怒、患險，而觀其能無離守也。彼誠有之者與誠無之者，若白黑然，可詘邪

哉？故伯樂不可欺以馬，而君子不可欺以人。此明王之道也。

人主欲得善射，射遠中微者，縣貴爵重賞以招致之。內不可以阿子弟，外不可以隱遠人，能中是者取之，是豈不必得之之道也哉？雖聖人不能易也。欲得善馭速致遠者，一日而千里，縣貴爵重賞以招致之。內不可以阿子弟，外不可以隱遠人，能致是者取之，是豈不必得之之道也哉？雖聖人不能易也。

欲治國馭民，調壹上下，將內以固城，外以拒難。治則制人，人不能制也，亂則危辱滅亡可立而待也。然而求卿相輔佐，則獨不若是其公也，案唯便嬖親比己者之用也，豈不過甚矣哉？故有社稷者莫不欲彊，俄則弱矣；莫不欲安，俄則危矣；莫不欲存，俄則亡矣。

古有萬國，今有數十焉，是無它故，莫不失之是也。故明主有私人以金石珠玉，無私人以官職事業，是何也？曰：本不利於所私也。彼不能而主使之，則是主闇也；臣不能而誣能，則是臣詐也。主闇於上，臣詐於下，滅亡無日。俱害之道也。

夫文王非無貴戚也，非無子弟也，非無便嬖也，倜然乃舉太公於州人而用之，豈私之也哉？以爲親邪？則周姬姓也，而彼姜姓也，以爲故邪？則未嘗相識也。以爲好麗邪？則夫人行年七十有二，齫然而齒墮矣。然而用之者，夫文王欲立貴道，欲白貴名，以惠天下。而不可以獨也，非於是子莫足以舉之，故舉是子而用之。於是乎貴道果立，貴名果明，兼制天下，立七十一國，姬姓獨居五十三人，周之子孫，苟不狂惑者，莫不爲天下之顯諸侯。如是者，能愛人也。故舉天下之大道，立天下之大功，然後隱其所憐所愛，其下猶足以爲天下之顯諸侯。故曰：「唯明主爲能愛其所愛，闇主則必危其所愛。」此之謂也。

【译文】

做君主的无不希望强盛而厌恶衰弱，希望安定而厌恶危险，希望荣耀而厌恶耻辱，这是禹和桀所相同的欲望。要实现这三种愿望，避免这三种厌恶的东西，究竟采取什么办法最便利？回答说：在于慎重地选取相，没有什么办法比这个更简便了。对于相的人选，有智慧而没有仁德，不行；有仁德而没有智慧，也不行；既有智慧又有仁德，这便是君主的宝贵财富，是成就王业霸业的助手。君主不急于求得相才，是不明智；得到了相才而不重用，是不仁慈。没有那德才兼备的相而希望取得那王霸之功，愚蠢没有比这个更大的了。

现在的君主有个大毛病：他让贤能的人去做事，却和不贤的人去规范做事的效果；他让明白人考虑如何解决问题，却和愚蠢的人去评估解决问题的方法；让品德美好的人去做事，却

和汙秽邪恶的人在一旁说三道四。虽然他也想取得成功，那怎么可能做得到呢？打个比方来说，这就好像是竖起了一根笔直的木头却又担心它的影子弯，世界上没有比这更加糊涂的事了。俗话说：「美女的姿色，是丑陋者的灾祸。公正的贤士，是大众的疖子。遵循道义的人，是对污秽邪恶者的戕害。」现在让污秽邪恶的人来评判他们的冤家对头而要求他们不带偏见，怎么能做得到呢？打个比方来说，这就好像竖起了一根弯曲的木头却又要求它的影子直，世界上没有比这更加昏乱不堪的事了。

古代的君主做事就不是这样。他挑选人有一定的原则，任用人有一定的法度。挑选人的时候，用礼义去检验，任用人的办法，是用等级去限制。对他们的品行道义、举止言谈，用礼义来衡量；考虑他们赞成或反对的意见，是用最后的效果来考查；经过对他们日积月累的长期考验，用是否取得功绩来考核。所以，不能用地位卑下的人来监督地位尊贵的人，不能让权势轻微的人来评判负有重要责任的人，愚蠢的人不能用来议论明智的人，因此所有的举措就都不会失误。用礼制来考核，看他是否安泰恭敬；对他进行上下升降调换工作，看他是否能应付各种变化；让他安逸舒适，看他是否能不放荡；给他音乐美色，权势财利，让他怨恨愤怒，经历祸难艰险，看他是否能够不乱操守。经过这样的考验，真正有德才的和的确没德才的人，就会像白与黑一样判然分明，谁还能对他歪曲诬陷呢？所以，不可能用马的好坏来欺骗伯乐，也不可能用人的好坏来欺骗君子。这就是英明帝王的政治措施。

君主想要得到善于射箭的人，那就对射得远又能命中微小目标的人，拿出高贵的爵位和丰厚的奖赏吸引他们过来。对内不能偏袒自己的子弟，对外不能埋没关系疏远的人，只以是否善射这一个标准录取，这难道不就是必然得到善射者的办法吗？即使是圣人也不能改变它。君主想要得到善于驾车的人，那就对既能快速奔驰又能走得很远，一日千里的人，拿出高贵的爵位和丰厚的奖赏来吸引他们过来。对内不能偏袒自己的子弟，对外不能埋没关系疏远的人，能达到这个标准的就录取他，这难道不就是必然得到好驭手的办法吗？即使是圣人也不能改变它。

君主想要治好国家、管好人民，协调统一上下，就要准备用这样的人来对内巩固城防，对外抵抗侵略。国家治理好了，就能制服别人，别人却不能制服自己；国家混乱，那就会立即招来危险、屈辱和灭亡。但是君主在募求卿相辅佐的时候，则总是不能如此地公正无私，只是任用些宠爱的小臣或亲近、依附自己的人，这难道不是大错特错了吗？所以，掌握了国家政权的君主无不希望强盛，但不久就衰弱了；无不希望安定，但不久就动荡起来；无不希望国家长治久安，但不久就灭亡了。

古代有上万个国家，今天只剩下数十个，这没有别的原因，都是因为用人不公才丧失了政权。所以英明的君主有把金银宝石珍珠玉器私下给人的，但从来不会把官职政务私下里送人，这是为什么呢？可以说，私自给官职，从根本上来讲是不利于你所偏爱的那个人的。他没有才能你却任用他，那你就是个昏庸的君主；臣子无能却妄称自己有才能，那你就是一个欺诈的臣

子。上面君主昏庸，下面臣子欺诈，离灭亡也就没几天了。乱送官位职务，不管对君主还是对宠臣，都是有害无益啊。

周文王并不是没有皇亲国戚，也不是没有儿子兄弟和宠臣亲信，但他却与众不同地提拔了作为外人的姜太公并且重用他，这哪里是要偏袒呢？你以为他们是亲族吗？但周族姓姬而他姓姜。你以为他们是故旧之交吗？但他们从来不相识。以为周文王爱漂亮吗？但姜太公已经是七十二岁，牙齿都掉完了。文王之所以还是要任用他，那是因为文王想要在政治上有高远的追求，想要留下尊贵的名声，并以此来造福天下。而这种伟大的事业是不能靠自己单独来做的，除了姜太公没别人可以胜任，所以才提拔重用了他。于是果然成就了一番伟大的政治功业，留下了尊贵的名声，全面控制了天下。后来分封了七十一个诸侯国，其中姬姓诸侯就独占了五十三个。周家的子孙们，只要不是疯癫糊涂的，一个个都成了天下显贵的诸侯。只有这样，才算是会宠爱人啊。先实施统一天下的重大政治措施，建立统一天下的伟大功绩，然后再考虑偏私自己所疼爱的人，结果连那些最没出息的子孙们也都成了全天下最显贵的诸侯国君。所以说：“只有英明的君主才真正有能力爱他所宠爱的人，昏庸的君主则一定只是危害他所宠爱的人。”说的就是这个道理。

【原文】

牆之外，目不見也；里之前，耳不聞也；而人主之守司，遠者天下，近者境内，不可不畧知也。天下之變，境内之事，有弛易齵差者矣，而人主無由知之，則是拘脅蔽塞之端也。耳目之明，如是其狹也；人主之守司，如是其廣也，其中不可以不知也，如是其危也。然則人主將何以知之？曰：便嬖左右者，人主之所以窺遠收衆之門户牖嚮也，不可不早具也。故人主必將有便嬖左右足信者然後可。其知惠足使規物、其端誠足使定物然後可。夫是之謂國具。

人主不能不有遊觀安燕之時，則不得不有疾病物故之變焉。如是國者，事物之至也如泉原，一物不應，亂之端也。故曰：人主不可以獨也。卿相輔佐，人主之基、杖也，不可不早具也。故人主必將有卿相輔佐足任者然後可。其德音足以填撫百姓，其知慮足以應待萬變然後可。夫是之謂國具。

四鄰諸侯之相與，不可以不相接也，然而不必相親也。故人主必將有足使喻志決疑於遠方者然後可。其辯説足以解煩，其知慮足以決疑，其齊斷足以距難，不還秩，不反君，然而應薄扞患足以持社稷，然後可。夫是之謂國具。

故人主無便嬖左右足信者謂之闇，無卿相輔佐足任者謂之獨，所使於

四鄰諸侯者非其人謂之孤，孤獨而晻謂之危。國雖若存，古之人曰亡矣。《詩》曰：「濟濟多士，文王以寧。」此之謂也。

【译文】

眼睛看不到墙外面，耳朵听不到村那边。但君主所掌管的，远的遍及天下，近的国境之内，不可不略知一二。天下的变化，境内的大事，总是在变动纷乱之中，如果君主一无所知，这就是被挟制蒙蔽的开端了。耳朵和眼睛所听所看到的是如此狭窄，君主的掌管范围又是如此广大，其中的情况又不可不知。如果真的一无所知，那就会有危险了。既然如此，君主将靠什么来了解情况呢？

可以说，君主身边的亲信侍从，就是君主用来观察远处和监督群臣百官的耳目，不能不早作准备。所以君主一定要有了足可信赖的亲信侍从，然后才可以掌控天下。他的智慧和财力要足以用来规划安排事情，他的正直诚实要足够镇住各种各样的事情，然后才可以掌控天下。这些人可以称之为治国的工具。

君主不能没有游览享乐的时候，也不可能没有疾病死亡的变故。这种时候的国家，各种国事还是像泉水一样不断地涌出，一件事应对不好，祸乱就开始了。所以说，君主不能单枪匹马。卿相辅佐，是君主的鞋带和手杖，不能不早作准备。所以君主一定要有了足可胜任的卿相辅佐，然后才能够掌控天下。他的道德声望要足以用来镇压或安抚百姓，他们的智慧心计要足以用来应付各种千变万化的事端，然后才可以掌控天下。这些人也称做治国的工具。

四邻诸侯互相交往，不可能不互相接触，但不一定都友好亲善。所以君主一定要有足以胜任出使远方的人，去传达君主旨意，解决疑难问题，然后才可以掌控天下。他的口才足以用来消除君主的麻烦，他的智慧心计要足以用来解决疑难问题，他的敏捷果断要足以用来排除危难，既不推卸职责，也不回来请示，然而他应付紧急情况和抵御祸患的能力却足以维护国家的政权，只有有了这样的人才，才可以掌控天下。这些人也叫做治国的工具。

君主没有足可信赖的亲信侍从叫做昏暗，没有足可胜任的卿相辅佐叫做独，被派到邻国的使者不称职叫做孤，孤独而昏暗，就可以说是已经危险了。国家虽然似乎还存在着，但古代的人却说它已经开始灭亡了。《诗经》上说：「人才济济多精英，文王因此得安宁。」说的就是这个道理。

【原文】

材人：

愿慤拘録，計數纖嗇而無敢遺喪，是官人使吏之材也。

修飭端正，尊法敬分而無傾側之心；守職循業，不敢損益，可傳世也，而不可使侵奪，是士大夫官師之材也。

知隆禮義之爲尊君也，知好士之爲美名也，知愛民之爲安國也，知有

常法之爲一俗也，知尚賢使能之爲長功也，知務本禁末之爲多材也，知無與下爭小利之爲便於事也，知明制度、權物稱用之爲不泥也，是卿相輔佐之材也，未及君道也。

能論官此三材者而無失其次，是謂人主之道也。若是，則身佚而國治，功大而名美；上可以王，下可以霸，是人主之要守也。人主不能論此三材者，不知道此道，安值將卑執出勞，併耳目之樂，而親自貫日而治詳，一内而曲辨之，慮與臣下爭小察而綦偏能，自古及今，未有如此而不亂者也。是所謂「視乎不可見，聽乎不可聞，爲乎不可成」，此之謂也。

【译文】

安排任用人才的原则是这样的：

诚实勤劳，计算查点时精打细算而不敢有所遗漏，这种人是一般官吏与差役的材料。

加强道德修养而端正身心，崇尚法制，尊重名分，而没有偏斜不正的思想；谨守职责，遵循法典，不敢有所增减，可以让它世代相传，而不让它受侵夺，这种人是士大夫和群臣百官的材料。

懂得崇尚礼义是为了君主的尊贵，知道喜爱士人是为了名声的美好，明白爱护民众是为了国家的安定，清楚有了固定的法制是为了统一习俗，了解尊贤使能是为了增长功效，知道致力于农业生产而限制商业是为了增多国家的财富，知道不与下属争夺小利是为了有利于办大事，知道彰明制度，权衡事情以符合实用是为了不拘泥于成规，这种人是做卿相辅佐的材料，还没能懂得君主之道。

能够选择任用这三种人才并且安排得井然有序而没有失误，这才可以称为君主之道。如果能聪明到这种程度，君主自身安逸而国家安定，功业伟大而名声美好；上可以称王天下，下可以称霸诸侯，这是君主的主要职守。君主不能择取这三种人才，不知道遵循这样的原则，而只是降低自己的地位而竭尽身心之劳努力工作，摒弃耳目声色的娱乐，夜以继日地亲自把各种政务办理得周详完备，一天之内就能办成许许多多事，总想和臣下在细小的方面比精明而把自己某一方面的才能发挥到极致，从古到今，从来不曾有这样做国君而国家不混乱的。这就是所谓「要看到那些看不见的事物，听那些说不清的事理，去做那些看起来不可能成功的大事」说的就是这个道理。

【原文】

臣道篇第十三

人臣之論：有態臣者，有篡臣者，有功臣者，有聖臣者。

内不足使一民，外不足使距難；百姓不親，諸侯不信；然而巧敏佞說，善取寵乎上；是態臣者也。

上不忠乎君，下善取譽乎民；不卹公道通義，朋黨比周，以環主圖私

爲務；是篡臣者也。內足使以一民，外足使以距難；民親之，士信之；上忠乎君，下愛百姓而不倦；是功臣者也。上則能尊君，下則能愛民；政令教化，刑下如影；應卒遇變，齊給如響；推類接譽，以待無方，曲成制象；是聖臣者也。故用聖臣者王，用功臣者彊，用篡臣者危，用態臣者亡。態臣用則必死；篡臣用，則必危；功臣用，則必榮；聖臣用，則必尊。故齊之蘇秦，楚之州侯，秦之張儀，可謂態臣者也。韓之張去疾，趙之奉陽，齊之孟嘗，可謂篡臣也。齊之管仲，晉之咎犯，楚之孫叔敖，可謂功臣矣。殷之伊尹，周之太公，可謂聖臣矣。是人臣之論也，吉凶賢不肖之極也，必謹志之而慎自爲擇取焉，足以稽矣。

【译文】

臣子的类别是：有阿谀奉承的臣子，有篡夺君权的臣子，有建功立业的臣子，有圣贤明智的臣子。

对内不足以用他来统一民众，对外不足以用他去抵御外敌；百姓不亲近他，诸侯不信任他；但是他灵巧敏捷能说会道，善于从君主那里博得宠幸；这是阿谀奉承的臣子。

对上不忠于君主，对下善于在民众中骗取声誉；不顾公共利益和普适的道义，拉党结派，互相勾结，把封锁蒙蔽君主，图谋私利作为自己的主要事务；这是篡夺君权的臣子。

对内足以用他来统一民众，对外足可用他来抵御外敌；民众亲近他，士人信赖他；对上忠于君主，对下爱护百姓而不懈怠；这是建功立业的臣子。

对上能尊敬君主，对下能爱护百姓；对国家的政策法令和道德教化，他如影随形般地立马给民众作榜样；应付突发事件，遇到事变发生，他就像回声一样敏捷迅速；推论类似的事物，综合对照同类的东西，以此来对付变化无常的社会生活，他的举措得当，处处能够成为准则榜样；这是圣贤明智的臣子。

所以任用圣贤明智的臣子就能称王天下，任用建功立业的臣子就会强盛，任用篡夺君权的臣子就会危险，任用阿谀奉承的臣子就会灭亡。阿谀奉承的臣子一旦被任用，君主一定会丧命；篡夺君权的臣子一旦被任用，君主一定会危险；建功立业的臣子被任用，君主一定会荣耀；圣贤明智的臣子被任用，君主一定会尊贵。

齐国的苏秦，楚国的州侯，秦国的张仪，可以叫做阿谀奉承的臣子。韩国的张去疾，赵国的奉阳君，齐国的孟尝君，可以叫做篡夺君权的臣子。齐国的管仲，晋国的咎犯，楚国的孙叔敖，可以称为建功立业的臣子了。商朝的伊尹，周朝的姜太公，可以称为圣贤明智的臣子了。这就是臣子的类别，起用什么样的臣子是预测国家安危祸福和辨别君主贤不贤的标准，君主们一定要

谨慎地记住它，并慎重地亲自选用大臣，这里讲的已经足以作为参考性的准则了。

【原文】

從命而利君謂之順，從命而不利君謂之諂；逆命而利君謂之忠，逆命而不利君謂之簒。不卹君之榮辱，不卹國之臧否，偷合苟容，以持祿養交而已耳，謂之國賊。

君有過謀過事，將危國家、殞社稷之懼也，大臣父兄有能進言於君，用則可，不用則去，謂之諫；有能進言於君，用則可，不用則死，謂之爭；有能比知同力，率羣臣百吏而相與彊君撟君，君雖不安，不能不聽，遂以解國之大患，除國之大害，成於尊君安國，謂之輔；有能抗君之命，竊君之重，反君之事，以安國之危，除君之辱，功伐足以成國之大利，謂之拂。

故諫、爭、輔、拂之人，社稷之臣也，國君之寶也，明君所尊厚也，而闇主惑君以爲己賊也。故明君之所賞，闇君之所罰也；闇君之所賞，明君之所殺也。伊尹、箕子，可謂諫矣；比干、子胥，可謂爭矣；平原君之於趙，可謂輔矣；信陵君之於魏，可謂拂矣。傳曰：「從道不從君。」此之謂也。

故正義之臣設，則朝廷不頗；諫、爭、輔、拂之人信，則君過不遠；爪牙之士施，則仇讎不作；邊境之臣處，則疆垂不喪。故明主好同而闇主好獨；明主尚賢使能而饗其盛，闇主妬賢畏能而滅其功。罰其忠，賞其賊，夫是之謂至闇，桀、紂所以滅也。

【译文】

服从君主的命令而有利于君主的叫做顺从，服从君主的命令而不利于君主的叫做谄媚；违抗君主命令而有利于君主的叫做忠诚，违抗君主命令而又不利于君主的叫做篡夺。不顾君主的荣辱，不顾国家的得失，只是苟且地迎合君主、无原则地谋求地位，以此来保住自己的俸禄，去豢养自己结交的党羽，这种人叫做国家的奸贼。

君主有了错误的想法和行为，将危及到国家和政权的生存，这时大臣父兄中如果有人能向君主进呈意见，被采用也就罢了，不采用就辞职出走，这叫做劝谏；如果有人能向君主进呈意见，被采用也就罢了，不被采用就以身殉职，这叫做苦诤；如果有人能联合有智慧的人同心协力，率领群臣百官一起强迫性地纠正君主，君主虽然不服，却不得不听，并因此而消解了国家的大忧，解了国家的大祸，结果使君主尊贵，国家安定，这叫做辅助；如果有人能抗拒君命，借重君主的权威，行施君主的权力，并因此而使国家转危为安，解除了君主的羞辱，功劳之大足以用来成就国家的重大利益，这叫做匡正。

劝谏、苦诤、辅佐、匡正君主的人，是维护国家政权的大臣，是国君的宝贵财富，是英明的君

主所尊敬优待的，但愚昧和糊涂的国君却把他们看成自己的敌人。所以，明君所奖赏的人，却是愚昧的君主所惩罚的对象；愚昧的君主所奖赏的人，却是明君所杀戮的对象。伊尹、箕子可以称为劝谏之臣；比干、子胥可以称为苦诤之臣；平原君对于赵国来说，可以称为辅佐之臣；信陵君对于魏国来说，可以称为匡正之臣。古书上说：「遵循道义原则而不依顺国君。」说的就是这种人。

坚持正义的臣子得到进用，朝廷就不会偏邪不正；劝谏、苦诤、辅佐、匡正的人受信任，君主的过错就不会太过分；勇猛有力的武士被起用，仇敌就不敢兴风作浪；边境上的将帅安排得好，国土就不会丧失。所以，明君喜欢团结朝野共同理政而愚昧的君主却喜爱当自己的孤家寡人；明君推崇贤德的人，任用有才能的人并同时分享他们的成果，愚昧的君主却忌妒贤德的人，害怕有才能的人而想办法埋没他们的功绩。惩罚自己的忠臣，奖赏自己的奸贼，这可以叫做极端昏庸，这就是夏桀、商纣之所以灭亡的原因。

【原文】

事聖君者，有聽從，無諫爭；事中君者，有諫爭，無諂諛；事暴君者，有補削，無撟拂。迫脅於亂時，窮居於暴國，而無所避之，則崇其美，揚其善，違其惡，隱其敗，言其所長，不稱其所短，以爲成俗。《詩》曰：「國有大命，不可以告人，妨其躬身。」此之謂也。

【译文】

服务于圣明君主的，有听从却用不着劝谏苦诤；服务于一般君主，可以劝谏苦诤却不需要阿谀奉承；服务于暴君的，只有弥补缺点除去过失却不能强行纠正。

被逼迫受挟制地生活在乱世，走投无路地居住在暴君的国家，而又无法避开这种处境，于是就推崇他的美德，宣扬他的善行，避讳他的罪恶，隐瞒他的失败，称道他的长处，不说他的短处，把这些作为既成的习俗。《诗经》上说：「国家有了大变故，佯装不知别乱说，否则危害你自身。」说的就是这种情况。

【原文】

恭敬而遜，聽從而敏，不敢有以私決擇也，不敢有以私取與也，以順上爲志，是事聖君之義也。忠信而不諛，諫爭而不諂，撟然剛折，端志而無傾側之心，是案曰是，非案曰非，是事中君之義也。調而不流，柔而不屈，寬容而不亂，曉然以至道而無不調和也，而能化易，時關內之，是事暴君之義也。若馭樸馬，若養赤子，若食餧人，故因其懼也而改其過；因其憂也而辨其故；因其喜也而入其道；因其怒也，而除其怨；曲得所謂焉。《書》曰：「從命而不拂，微諫而不倦；爲上則明，爲下則遜。」此之謂也。

【译文】

恭恭敬敬又谦逊，听从指挥且敏捷地执行命令，不敢根据私利去取舍，以顺从君主作为自己的志向，这是侍奉圣君的适当做法。忠诚守信而不阿谀，劝谏苦诤而不谄媚，强硬坚决地和君主争辩，思想端正而没有偏斜的歪心，对的就说对，错的就说错，这是侍奉一般君主的适当做法。遇事调和却不随波逐流，性情温柔却不无原则屈从，宽容忍让却不和君主一起乱来，清楚明白地以最高的道义去启发君主而处处协调和顺，就能感化改变君主暴虐的本性，时时把道义灌输到他的心中去，这是侍奉暴君的适当做法。侍奉暴君就像驾驭未经训练过的马，抚养初生的婴儿，喂养饥饿的人一样，要趁他有畏惧之情的时候让他改正错误，趁他忧虑的时候使他改变过去的行为，趁他高兴的时候引他走入正道，趁他发怒的时候让他除去仇人，这样做就能处处达到目的。《尚书》上说：「服从命令不违背，暗暗规劝不懈怠；做君主的要明智，做臣子的要谦逊。」说的就是这种情况。

【原文】

事人而不順者，不疾者也；疾而不順者，不敬者也；敬而不順者，不忠者也；忠而不順者，無功者也；有功而不順者，無德者也。故無德之爲道也，傷疾、墮功、滅苦，故君子不爲也。

【译文】

侍奉君主却不合君主的心意，是因为不积极；积极了还不合君主的心意，是因为不够恭敬；恭敬了还不合君主的心意，是因为不够忠诚；忠诚了还不合君主的心意，是因为没有功绩；有了功绩还不合君主的心意，是因为你品德不够。所以如果没有品德作为人格的基础，你的积极性就会白费，功绩就会被玷污，所有的辛苦就都没有意义，所以君子是不会不注重自己的道德人品的修养提高的。

【原文】

有大忠者，有次忠者，有下忠者，有國賊者：

以德覆君而化之，大忠也；以德調君而補之，次忠也；以是諫非而怒之，下忠也；不卹君之榮辱，不卹國之臧否，偷合苟容，以之持禄養交而已耳，國賊也。若周公之於成王也，可謂大忠矣；若管仲之於桓公，可謂次忠矣；若子胥之於夫差，可謂下忠矣；若曹觸龍之於紂者，可謂國賊矣。

【译文】

有上等的忠臣，有中等的忠臣，有下等的忠臣，有国家的奸贼：

用自己的人品道德熏陶君主而感化他，这是上等的忠诚；用自己的人品道德来调养君主

而补充君主的不足，这是中等的忠诚；用自己正确的观点劝阻君主的错误却触怒了他，这是下等的忠诚；不顾君主的荣辱，不顾国家的得失，只是苟且迎合，无原则地谋求自己的地位，以此来保住俸禄，以便豢养自己结交的党羽，这是国家的奸贼。周公对周成王，可以说是上等的忠诚；管仲对齐桓公，可以说是中等的忠诚；伍子胥对夫差，可以说是下等的忠诚；曹触龙对于商纣王，可说是国家的奸贼。

【原文】

仁者必敬人。凡人非賢則案不肖也。人賢而不敬，則是禽獸也；人不肖而不敬，則是狎虎也。禽獸則亂，狎虎則危，災及其身矣。《詩》曰：「不敢暴虎，不敢馮河。人知其一，莫知其它。戰戰兢兢，如臨深淵，如履薄冰。」此之謂也。故仁者必敬人。

敬人有道：賢者則貴而敬之，不肖者則畏而敬之；賢者則親而敬之，不肖者則疏而敬之。其敬一也，其情二也。若夫忠信端慤而不害傷，則無接而不然，是仁人之質也。忠信以爲質，端慤以爲統，禮義以爲文，倫類以爲理。喘而言，臑而動，而一可以爲法則。《詩》曰：「不僭不賊，鮮不爲則。」此之謂也。

【译文】

仁德的人一定会尊重别人。一般说来，一个人不贤能，那就是个无才德的人。人家贤能你却不尊敬，那就是禽兽了；他如果无才德你因而也不尊重他，那你就等于是在戏弄老虎。人如果像禽兽就会胡作非为，要是戏弄老虎那就十分危险，到头来终究是要大难临头的。《诗经》上说：「不敢空手打老虎，不敢空手把河渡。人们只知这一点，不知另有大害处。为人处世要谨慎啊！面临深渊啥感觉，脚踩薄冰啥心情？」说的就是这个道理。所以讲究仁德的人一定会尊重别人。

尊重别人是有一定讲究的：对贤能的人要怀着仰慕之心来尊敬，对没德才的人要怀着怕他的心情来尊重；对贤能的人可以亲切地去尊敬，对没德才的人却可以敬而远之。面子上的尊重是一样的，实际的内容却是两样的。至于做人要忠诚守信正直老实而不伤害人，则是在任何情况下都不能不这样做的，这是做一个好人的本质特征。做人要以忠诚守信为实质，以正直老实为统率，以礼制道义来规范，以伦理法律为原则。做到了这些，你随意说句话，稍微动一动，都可以成为别人效法的榜样。《诗经》上说：「不出过失不害人，很难不被当榜样。」说的就是这种人。

【原文】

恭敬，禮也；調和，樂也；謹慎，利也；鬭怒，害也。故君子安禮樂利，謹慎而無鬭怒，是以百舉不過也。小人反是。

【译文】

恭恭敬敬，就是礼节；协调和谐，就是快乐；谨慎小心，就是利益；斗殴发怒，就是祸害。君子喜爱礼节，乐得利益，谨慎小心而不斗殴发怒，因此言谈举止都不会有过犯。小人就与此相反。

【原文】

通忠之順，權險之平，禍亂之從聲，三者，非明主莫之能知也。爭然後善，戾然後功，出死無私，致忠而公，夫是之謂通忠之順，信陵君似之矣。奪然後義，殺然後仁，上下易位然後貞，功參天地，澤被生民，夫是之謂權險之平，湯、武是也。過而通情，和而無經，不卹是非，不論曲直，偷合苟容，迷亂狂生，夫是之謂禍亂之從聲，飛廉、惡來是也。傳曰：「斬而齊，枉而順，不同而壹。」《詩》曰：「受小球大球，爲下國綴旒。」此之謂也。

【译文】

让忠诚不被误解而达到心情畅顺；通过权变化险为夷而达到局势平安；迎合君意，随声附和一直弄到祸乱起于萧墙；这样三种情况，不是英明的君主是永远弄不明白的。

通过和君主谏诤然后才能行善，通过违背君主的意愿然后才能立功，豁出性命而没有私心，极为忠诚而阔然公正，这就叫让忠诚不被误解而顺利达成目标，信陵君就类似于这种人。

通过夺取君权然后才能推行道义，杀掉君主然后才能实现仁德，君臣换了位置然后才能做到有操守，功业与天地并列，恩泽施加到民众，这就叫做通过权变化险为夷而达到局势平安稳定，商汤和周武王就是这样的人。

君主错了却还和他沆瀣一气，附和君主而不讲任何原则，不顾是非，不论曲直，苟且地迎合君主以谋求地位，迷惑昏乱而狂妄无知地追求狂乱的生活享受，这就叫做迎合君意随声附和一直要弄到祸乱起于萧墙，飞廉、恶来就是这种人。

古书上说：「有了参差不齐然后才有整齐，受得了委屈然后才能顺利，有了不同然后才有一致。」《诗经》上说：「接受小法和大法，各国以他为表率。」说的就是这种情况。

【原文】

致士篇第十四

衡聽、顯幽、重明、退姦、進良之術：朋黨比周之譽，君子不聽；殘賊加累之譖，君子不用；隱忌雍蔽之人，君子不近；貨財禽犢之請，君子不許。凡流言、流說、流事、流謀、流譽、流愬，不官而衡至者，君子慎之。

聞聽而明譽之，定其當而當，然後士其刑賞而還與之。如是則姦言、姦說、姦事、姦謀、姦譽、姦愬莫之試也；忠言、忠說、忠事、忠謀、忠譽、忠愬莫不明通，方起以尚盡矣。夫是之謂衡聽、顯幽、重明、退姦、進良之術。

【译文】

广泛地听取意见，让隐居的贤士显扬，显扬的进一步显扬。让奸邪退却、忠良进用的方法是：宗派集团相互勾结的吹捧，君子不听；残害贤良，横加罪名的诬陷，君子不用；暗地里相互猜忌，阻挠埋没贤才的人，君子不接近；用钱财礼物进行贿赂的请求，君子不答应。凡是没有根据的流言，没有根据的学说，没有根据的事情，没有根据的谋划，没有根据的赞誉，没有根据的诉说，凡不是通过正当途径而是道听途说的东西，君子对它们持慎重态度。听到了就把它们公开地列举出来，判断它们是否恰当，然后对它们作出惩罚或是奖赏的决定并立即付诸实施。这就会使奸邪的言论，奸邪的学说，奸邪的事情，奸邪的谋划，奸诈的赞誉，奸诈的诉说不敢再来试探了；忠诚的言论，忠诚的学说，忠诚的事情，忠诚的谋划，忠诚的赞誉，忠诚的诉说就都能公开表达，通行无阻，并起而进献于君主了。以上这些就是广泛地听取意见，让隐居的贤士显扬，显扬的进一步显扬，让奸邪退却、忠良进用的方法。

【原文】

川淵深而魚鼈歸之，山林茂而禽獸歸之，刑政平而百姓歸之，禮義備而君子歸之。故禮及身而行修，義及國而政明，能以禮挾而貴名白，天下願；令行禁止，王者之事畢矣。《詩》曰：「惠此中國，以綏四方。」此之謂也。川淵者，龍魚之居也；山林者，鳥獸之居也；國家者，士民之居也。川淵枯則龍魚去之，山林險則鳥獸去之，國家失政則士民去之。

【译文】

江河湖泊深了，鱼鳖自然就多了；山上的林木茂盛，禽兽自然就多了；刑罚政令公平正义，老百姓自然就多起来了；礼制道义完备，有道的君子自然也就都来了。所以，如果能把礼义落实到行动上，品行自然就美好；把公道正义贯彻到国、家，政治自然就清明。能够把礼义贯彻到所有方面的，尊贵的名声就会显扬出去，天下的人就自然会仰慕；然后令行禁止，称王天下的大业也就完成了。《诗经》上说：「恩泽中原之国，安抚天下民众。」说的就是这个道理。江河湖泊是龙鱼居住的地方，高山树林是鸟兽栖息的地方，国与家是士和民居住的地方。江河湖泊干涸枯竭，龙鱼也就没有了；高山树林环境险恶，鸟兽也就离开了；国家的政治秩序混乱，那么士人和民众也就会离开它。

【原文】

無土則人不安居，無人則土不守，無道法則人不至，無君子則道不舉。故土之與人也，道之與法也者，國家之本作也；君子也者，道法之摠要

也，不可少頃曠也。得之則治，失之則亂；得之則安，失之則危；得之則存，失之則亡。故有良法而亂者有之矣；有君子而亂者，自古及今，未嘗聞也。傳曰：「治生乎君子，亂生乎小人。」此之謂也。

【译文】

没有土地，人民就无法安居；没有人民，土地就难以保有；没有道德和法制，人民就不会来归附；没有君子，道德就无法推行。所以，土地和人民，道德和法制这些东西，是国家的本源；君子却是道德与法制的总管，不可须臾空缺。得到了这些东西，国家就能治理好；失去了这些东西，国家就会混乱；得到这些东西，国家就能安定；失去了这些东西，国家就危险；得到这些东西，国家就能保存；失去了这些东西，国家就会灭亡。所以，有了良好的法制而国家仍然混乱，这种情况偶尔也有；但有了君子而国家政治仍然混乱的，从古到今，还不曾听说过。古书上说：「国家的安定来源于君子，国家的混乱产生于小人。」说的就是这种情况。

【原文】

得衆動天，美意延年。誠信如神，夸誕逐魂。

【译文】

得到民众的欢迎就能感动上苍，心情快乐就能延年益寿。诚实信守可以明智如神灵，浮夸欺骗就会弄得自己失魂落魄。

【原文】

人主之患，不在乎不言用賢，而在乎（不）誠必用賢。夫言用賢者，口也；却賢者行也；口行相反而欲賢者之至，不肖者之退也，不亦難乎？夫耀蟬者，務在明其火，振其樹而已；火不明，雖振其樹，無益也。今人主有能明其德，則天下歸之，若蟬之歸明火也。

【译文】

君主们的毛病，不在于不谈论任用贤人，而在于（不能）真心实意地任用贤人。谈论任用贤人，是口头上的；屏退贤人，却是行动上的；语言和行动相互背离却说想要贤能的人来，而让不贤的人走，不是也太难了吗？那些照蝉的人，一定会先点亮他的灯火，然后才摇动树身；如果灯火不亮，即使再摇动树身，也仍然无济于事。现在的君主，如果有人能使自己在道德上贤明起来，那么天下的人投奔他就会像蝉扑向明亮的灯火一样。

【原文】

臨事接民而以義，變應寬裕而多容，恭敬以先之，政之始也；然後中和察斷以輔之，政之隆也；然後進退誅賞之，政之終也。故一年與之始，三年與之終。用其終爲始，則政令不行而上下怨疾，亂所以自作也。《書》曰：「義刑義殺，勿庸以卽，女惟曰『未有順事』。」言先教也。

【译文】

处理朝政治理民众要根据道义，变通的余地要大而大量招纳士人和民众，恭恭敬敬地去引导他们，这是政治的第一步；然后中正和暖地观察判断以辅助他们，这是政治的中间也是最高阶段；然后再运用晋升黜退，惩罚奖赏的办法管理他们，这是政治的最后一步。第一年给他们实施第一步，第三年才给他们实施最后一步。如果把最后一步用作为第一步开始搞政治，你的政策法令就难以推行，反而会导致官民上下的怨恨；社会的混乱之所以产生的源头，其实就是从自己这里开始的。《尚书》上说：「即使是正义的刑罚，正义的杀戮，也不用立即就推行，你只是说『我的政事还没有理顺呀』！」这里说的就是要让人先进行教育。

【原文】

程者，物之準也；禮者，節之準也。程以立數，禮以定倫，德以敘位，能以授官。凡節奏欲陵，而生民欲寬，節奏陵而文，生民寬而安。上文下安，功名之極也，不可以加矣。

【译文】

度量衡是测量物品的标准，礼义是确定礼节法度的标准。根据度量衡来确定物品的数量，根据礼制来确定人际关系；根据品德来依次排列级别地位，根据能力来授予官职。所有的礼节礼仪制度都要严格要求，而抚养民众则要宽容。礼节礼仪制度严格就显得温文而雅，抚养人民宽容，社会就会安定。上面文雅下面安定，这是建立功名的最高境界，不可能再有什么可以添加上去了。

【原文】

君者，國之隆也；父者，家之隆也。隆一而治，二而亂。自古及今，未有二隆爭重而能長久者。

【译文】

君主是国家中最高贵的人，父亲是家庭中最高贵的人。最高贵的人只有一个，不管是国还是家就都会安定；如果有两个，就会混乱。从古到今，还从来没有两个最高贵的人在争夺权力，而一个国家能够长久生存下去的。

【原文】

師術有四，而博習不與焉。尊嚴而憚，可以爲師；耆艾而信，可以爲師；誦說而不陵不犯，可以爲師；知微而論，可以爲師。故師術有四，而博習不與焉。

水深而回，樹落則糞本，弟子通利則思師。《詩》曰：「無言不讎，無德不報。」此之謂也。

【译文】

成为老师的要领有四个，却并不包括博学。有尊严而又不让人害怕，可以成为老师；老年人而讲信用，可以成为老师；讲的道理既不太严也不太宽，可以成为老师；懂得精微的道理而又能加以阐述，可以成为老师。所以成为老师的要领有四个，而博学并不包括在里面。水深了就会有旋涡，树叶落下等于给树根施了肥，学生发达而在老师这里获益了，就会想到老师。《诗经》上说：「说话总会有应答，施恩总会有回报。」说的就是这个道理啊。

【原文】

賞不欲僭，刑不欲濫。賞僭則利及小人，刑濫則害及君子。若不幸而過，寧僭無濫；與其害善，不若利淫。

【译文】

奖赏不要过分，刑罚不要滥用。奖赏太过分，好处就会落到道德不良的小人头上；刑罚一滥用，道德高尚的君子也可能跟着受牵连。如果不幸而难免发生失误，那就宁可过分地奖赏也不可滥用刑罚；与其伤害到好人，不如让小人也得点儿利。

議兵篇第十五

【原文】

臨武君與孫卿子議兵於趙孝成王前。

王曰：「請問兵要。」

臨武君對曰：「上得天時，下得地利，觀敵之變動，後之發，先之至，此用兵之要術也。」

孫卿子曰：「不然。臣所聞古之道，凡用兵攻戰之本在乎壹民。弓矢不調，則羿不能以中微；六馬不和，則造父不能以致遠；士民不親附，則湯、武不能以必勝也。故善附民者，是乃善用兵者也。故兵要在乎善附民而已。」

【译文】

临武君和荀卿在赵孝成王面前议论用兵之道。

赵孝成王说：「请问，用兵的要领是什么？」

临武君回答说：「上取得有利于攻战的季节气候条件，下取得地理上的有利地形，观察好敌人的动向，比敌人后行动但比敌人先到达，这就是用兵的基本方略。」

荀卿说：「不对。我所听说的古代方法，大凡用兵打仗的根本在于民众团结一致。如果弓箭不校准，后羿也不能用它来射中微小的目标；如果六匹马不协调一致，造父也不能靠它到达远方；如果士人和民众和君主不亲附，商汤、周武王也不一定能打胜仗。善于让民众归附的人，也就是善于用兵的人。所以，所谓用兵的要领，就在善于使民众归附自己罢了。」

【原文】

臨武君曰：「不然。兵之所貴者，埶利也；所行者變詐也。善用兵者，感忽悠闇，莫知其所從出，孫、吳用之，無敵於天下，豈必待附民哉？」

孫卿子曰：「不然。臣之所道，仁人之兵，王者之志也。君之所貴，權謀埶利也；所行，攻奪變詐也；諸侯之事也。仁人之兵，不可詐也。彼可詐者，怠慢者也，路亶者也，君臣上下之閒滑然有離德者也。故以桀詐桀，猶巧拙有幸焉；以桀詐堯，譬之若以卵投石，以指撓沸，若赴水火，入焉焦沒耳。故仁人上下，百將一心，三軍同力，臣之於君也，下之於上也，若子之事父，弟之事兄，若手臂之扞頭目而覆胸腹也，詐而襲之，與先驚而後擊之，一也。且仁人之用十里之國，則將有百里之聽；用百里之國，則將有千里之聽；用千里之國，則將有四海之聽。必將聰明警戒，和傳而一。故仁人之兵，聚則成卒，散則成列，延則若莫邪之長刃，嬰之者斷；兑則若莫邪之利鋒，當之者潰；圜居而方止，則若盤石然，觸之者角摧，案角鹿埵、隴種、東籠而退耳。且夫暴國之君，將誰與至哉？彼其所與至者，必其民也。而其民之親我歡若父母，其好我芬若椒蘭；彼反顧其上則若灼黥，若仇讎。人之情，雖桀、跖，豈又肯爲其所惡賊其所好者哉！是猶使人之子孫自賊其父母也，彼必將來告之，夫又何可詐也？故仁人用，國日明，諸侯先順者安，後順者危，慮敵之者削，反之者亡。《詩》曰：『武王載發，有虔秉鉞；如火烈烈，則莫我敢遏。』此之謂也。」

【译文】

临武君说：「不对。用兵所看重的，是形势有利；所施行的，是机变诡诈。善于用兵的人，神出鬼没，没有人知道他们要从什么地方进攻。孙武、吴起用了这种办法，因而无敌于天下。哪里一定要等到使民众归附再打仗呢？」

荀卿先生说：「不对。我所说的是仁德君王的军队，是称王天下者的追求。您所看重的是权变谋略，形势有利；所施行的是攻取掠夺，机变诡诈；这些都是诸侯干的事。仁德君王的军队，是不可能被欺诈的；可以被欺诈的，只是一些懈怠大意的军队，羸弱疲惫的军队，是由于君臣上下之间的涣散而离心离德的军队。如果用桀的办法欺骗桀，还由于巧拙不同而有可能侥幸取胜；如果用桀的办法欺骗尧，拿它打个比方就好像鸡蛋碰石头，手指搅开水，好像投身于水火之中，一进去就会被淹没烧焦。仁德君主的上下之间，众将领同心同德，三军共同努力；臣子对君主，下级对上级，就像儿子侍奉父亲，弟弟侍奉兄长一样；就像手臂捍卫脑袋眼睛，肚腹覆盖胸膛一样；用欺诈的办法袭击和先惊动然后再攻击，其结果是一样的。况且，仁德的君主治理方圆十里的国家，就会了解到方圆百里的情况；治理方圆百里的国家，就会了解到方圆

千里的情况；治理方圆千里的国家，就会了解到天下的情况。他的军队一个个耳聪目明，警惕戒备，协调团结而齐心一致。所以仁德君主的军队，集合起来就组织为一支有战斗力的队伍；分散开依然井然有序；伸出去就像莫邪剑那长长的利刃，谁触犯谁就被斩断；锋芒锐利，谁阻挡谁就被击溃；不管是摆成圆形的阵势来屯驻还是排成方形的队列迎候敌人，都会像磐石一样岿然不动，谁如果敢于触犯它，只会头破血流，稀里哗啦地败退下来罢了。再说那些强暴之国的君主，他将和谁一起来攻打我们呢？从他那边来看，和他一起前来作战的，一定是他治下的臣民。但是他的臣民却对我们的君主亲爱喜欢得像子女对父母一样，他们喜爱我们就像酷爱芳香的椒兰一样；再回头看看他们自己的国君，一个个都是罪犯一样的心情，看到国君就像看到了仇人一样的愤怒。根据人之常情，即使像夏桀、盗跖一样残暴贪婪的人，谁又肯做那些自己所厌恶的事，谁又肯残害那些他们所喜爱的对象呢？所以，拿这样的军队进攻我们，就好像让人们的子孙亲手杀害自己的父母，这些人一定会有人来告密，我们又怎么可能被欺诈呢？所以，仁德君主当政，国家日益昌盛，诸侯先归顺的就安宁，晚归顺的就危险，想作对的就削弱，谁若背叛他，就会自取灭亡。《诗经》上说：『商汤头上战旗舞，虔敬神明握大斧；战火熊熊军挺进，没有谁敢阻挡我。』说的就是这种情况。」

【原文】

孝成王、臨武君曰：「善。請問王者之兵設何道何行而可？」

孫卿子曰：「凡在大王，將率末事也。臣請遂道王者諸侯彊弱存亡之效，安危之埶。君賢者其國治，君不能者其國亂；隆禮貴義者其國治，簡禮賤義者其國亂。治者彊，亂者弱，是彊弱之本也。上足卬，則下可用也；上不卬，則下不可用也。下可用則彊，下不可用則弱，是彊弱之常也。隆禮效功，上也；重祿貴節，次也；上功賤節，下也。是彊弱之凡也。好士者彊，不好士者弱；愛民者彊，不愛民者弱；政令信者彊，政令不信者弱；民齊者彊，民不齊者弱；賞重者彊，賞輕者弱；刑威者彊，刑侮者弱；械用兵革攻完便利者彊，械用兵革窳楛不便利者弱；重用兵者彊，輕用兵者弱；權出一者彊，權出二者弱：是彊弱之常也。齊人隆技擊。其技也，得一首者則賜贖錙金，無本賞矣。是事小敵毳則偷可用也，事大敵堅則焉渙離耳。若飛鳥然，傾側反覆無日。是亡國之兵也，兵莫弱是矣，是其去賃市傭而戰之幾矣。魏氏之武卒，以度取之。衣三屬之甲，操十二石之弩，負服矢五十個，置戈其上，冠軸帶劍，贏三日之糧，日中而趨百里。中試則復其户，利其田宅。是數年而衰而未可奪也，改造則不易周也。是故地雖大，其稅必寡，是危國之兵也。秦人，其生民也陿阸，其使民也酷烈。劫之以埶，隱之以阸，忸之以慶賞，鰌之以刑罰，使天下之民

所以要利於上者，非鬬無由也。阸而用之，得而後功之，功賞相長也。五甲首而隸五家，是最爲衆彊長久，多地以正，故四世有勝，非幸也，數也。故齊之技擊不可以遇魏氏之武卒，魏氏之武卒不可以遇秦之鋭士，秦之鋭士不可以當桓、文之節制，桓、文之節制不可以敵湯、武之仁義。有遇之者，若以焦熬投石焉。兼是數國者，皆干賞蹈利之兵也，傭徒鬻賣之道也。未有貴上、安制、綦節之理也。諸侯有能微妙之以節，則作而兼殆之耳。故招近募選，隆埶詐，尚功利，是漸之也；禮義教化，是齊之也。故以詐遇詐，猶有巧拙焉；以詐遇齊，辟之猶以錐刀墮太山也，非天下之愚人莫敢試。故王者之兵不試。湯、武之誅桀、紂也，拱挹指麾而彊暴之國莫不趨使，誅桀、紂若誅獨夫。故《泰誓》曰：『獨夫紂。』此之謂也。故兵大齊則制天下，小齊則治鄰敵。若夫招近募選，隆埶詐，尚功利之兵，則勝不勝無常，代翕代張，代存代亡，相爲雌雄耳矣。夫是之謂盜兵，君子不由也。故齊之田單，楚之莊蹻，秦之衛鞅，燕之繆蟣，是皆世俗之所謂善用兵者也。是其巧拙彊弱則未有以相君也，若其道一也，未及和齊也，掎契司詐，權謀傾覆，未免盜兵也。齊桓、晉文、楚莊、吴闔閭、越句踐，是皆和齊之兵也，可謂入其域矣，然而未有本統也，故可以霸而不可以王。是彊弱之效

也。」

【译文】

赵孝成王和临武君都说：「说得好。请问，称王天下者的军队，该采用什么办法，采取什么行动才行？」

荀卿先生说：「一切都取决于君王，将帅是次要的末节之事。请允许我先说一说帝王和诸侯，强盛和衰弱，存在和灭亡的效验以及安定和危险的形势。君主贤能的，他的国家就安定；君主无能的，他的国家就混乱。君主崇尚礼法，尊重道义，他的国家就安定；君主怠慢礼法，鄙视道义的，他的国家就混乱。安定的国家强盛，混乱的国家衰弱。治与乱是强盛与衰弱的根本原因。君主值得仰赖，臣民就能为他所用；君主不值得仰赖，臣民就不能为他所用；能有效役使臣民就强盛，不能有效役使臣民的就衰弱。君主受不受信赖是强盛与衰弱的普遍规则。推崇礼法的同时考核战功，这是上等的办法；崇尚利禄的同时又在经济上讲求节制，这是次一等的办法；只崇尚战功而毫无节制，这是最下等的办法。取法于上还是取法于中、下，这是导致国家强盛与衰弱的一般情况。君主喜欢贤士就强盛，不喜欢贤士就衰弱；君主爱护人民就强盛，不爱护人民就衰弱。政策法令讲信用就会强盛，政策法令不讲信用就会衰弱；民众整顿得严整就强盛，整顿不严就衰弱。慎重奖赏就强盛，随意奖赏就衰弱；刑罚威严就强盛，刑罚轻慢就衰弱。器械、用具、兵器、盔甲制作得精良坚固，便于使用的就强盛；器械、用具、兵器、盔

甲制作得粗劣，不便于使用的就衰弱。慎重用兵的国家会强盛，轻率用兵的国家会衰弱。权力集中在一个人的手中，这个国家就强盛；政出多门，军队指挥权由两个人掌管的，这个国家就衰弱。这些也是强盛与衰弱的普遍规则。齐国人崇尚技击。所谓的技击，就是只要能杀死一个敌人，得到首级，就赐给他八两黄金或者可以赎买到自由之身，没有战胜后所本应颁发的奖赏细则。这种办法，如果战役小，敌人弱，还勉强可用；如果战役大，敌人强，那么士兵就会涣散逃离，像乱飞的鸟一样作鸟兽散。这样的国家，离覆灭也就没多久了。这是使国家灭亡的军队，没有比这更弱的军队了。因为这和用雇佣兵作战已经相差无几了。魏国的武卒是根据一定的标准来录取的。他们录取武卒的标准是，穿上三层依次相连的铠甲，拿着拉力为十二石的弩弓，背着装有五十支箭的箭袋，把戈扛在肩上，戴头盔，佩宝剑，再背起三天的干粮，半天跑一百里路。这样参加考试，合格就免除他家的徭役，家里的田地和住宅都会因此而有所增益。如果几年之后这个武卒因体力衰弱而战斗力下降，这些待遇并不因此而被剥夺，一年年地选取武士，国家财政怕就要捉襟见肘，顾不周全了。所以，魏国的土地虽然广阔，但税收还是一年年地减少，这是使国家陷于危困的养兵之道。秦国办法又有所不同，秦国严酷的法律不允许民众自由谋生，只有耕种和作战两件事可做，但秦国役使民众的办法却是既残酷又严厉。秦人除了耕种就是作战，因此民众不得不战，打完了仗，回到家里只能种地。军功爵制的奖赏已经使得秦人习惯于作战，严酷的刑罚又强迫他们去作战，这就使得秦国的民众只能向君主讨利益邀功爵，除了参军打

仗，秦国人没有别的路好走。严格地管制起来然后再驱使他们去参军打仗，打仗得胜后给他们记功，对功劳的奖赏随着功劳而增长。在秦国，谁如果能得到五个敌人的首级，他就可以役使本乡的五户人家。在这种情况之下，秦国的兵员总是最多，战斗力也最强，而且也最能够长久地维持下去。再加上秦国有很多土地可以征税，所以，从秦孝公开始的四代君主都能开疆拓土，取得战场上的胜利。这并不是因为侥幸，而是有其必然性的。所以，齐国的技击不可能用来对付魏国的武卒，魏国的武卒也不可能用来对付秦国在奖励耕战政策之下的锐士。但秦国的锐士不可用来对付齐桓公、晋文公那有纪律约束的军队，齐桓公、晋文公那有纪律约束的军队又不可用来抵抗商汤、周武王的仁义之师；如果有抵抗他们的，就会像用枯焦烤干的东西扔在石头上一样。综合齐、魏、秦这几个国家的情况来看，都是些邀功请赏，追求利禄的士兵；这也是让受雇佣的人出卖气力的养兵之道。齐、魏、秦三国并不讲尊重君主，遵守制度，追求信义自我节制的道理。如果有哪个诸侯能精细巧妙地用仁义节操来训导士兵，那么一旦举兵，就能吞并至少也是危及齐、魏、秦这些国家了。所以，用招募和挑选的办法养兵，注重权势诡谋，崇尚功利，这是在用暗箱操作的办法欺骗民众；讲求礼制道义教育感化，这才能使全国上下公平齐一。以权诈对权诈，他们之间有巧妙与拙劣之别；以权诈为国的军队来对付公平齐一的军队，打个比方，就好像拿着锥子小刀去摧毁泰山一样。除非是天底下的傻子，否则不会有人去这样尝试的。所以，称王天下者的军队，没人敢试与为敌。商汤、周武王讨伐夏桀、殷纣的时候，从容地指挥若

定，而那些强横暴虐的诸侯国也无不奔走前来，以供驱使。所以，除掉夏桀、殷纣王就好像除掉一个孤立的人，而不是弑君。所以《泰誓》就说『独夫纣』。说的就是这种情况啊。所以军队能在全国范围内公平齐一地整治，就能制服天下；小规模的齐心合力，就能打败邻近的敌国。至于士兵是由招募挑选，将帅只讲权谋诡诈，全国上下崇尚功利，用这种国家的军队来打仗，谁胜谁负怕就没定准了。他们之间有时衰弱，有时强盛，有时存活，有时灭亡，互为高下互有胜负罢了。这叫做盗贼式的军队，君子们不会养这样的军队。齐国的田单，楚国的庄蹻，秦国的卫鞅，燕国的乐毅，这些都是一般人所说的善于带兵的人。这些人在巧妙拙劣，强大弱小方面没办法比出个你高我低，至于他们遵行的原则，却是一样的，他们都达不到让士兵和衷共济，齐心合力。这些人只会抓住对方的弱点，伺机诈取，玩弄权术，阴谋颠覆，所以仍免不了是些盗贼式的军队。齐桓公、晋文公、楚庄王、吴王阖闾、越王勾践，这些人的军队做到了和衷共济，齐心合力，可说是贴近礼义教化的境地了，但也还是没有抓住基本纲领，所以只可称霸诸侯而不能称王天下。这就是或强或弱的效验。」

【原文】

孝成王、臨武君曰：「善！請問爲將。」

孫卿子曰：「知莫大乎棄疑，行莫大乎無過，事莫大乎無悔。事至無悔而止矣，成不可必也。故制號政令欲嚴以威；慶賞刑罰欲必以信；處舍收臧欲周以固；徙舉進退欲安以重，欲疾以速；窺敵觀變欲潛以深，欲伍以參；遇敵決戰必道吾所明，無道吾所疑：夫是之謂六術。無欲將而惡廢，無急勝而忘敗，無威內而輕外，無見其利而不顧其害，凡慮事欲孰而用財欲泰，夫是之謂五權。所以不受命於主有三：可殺而不可使處不完，可殺而不可使擊不勝，可殺而不可使欺百姓，夫是之謂三至。凡受命於主而行三軍，三軍既定，百官得序，羣物皆正，則主不能喜，敵不能怒，夫是之謂至臣。慮必先事而申之以敬，慎終如始，終始如一，夫是之謂大吉。凡百事之成也必在敬之，其敗也必在慢之。故敬勝怠則吉，怠勝敬則滅；計勝欲則從，欲勝計則凶。戰如守，行如戰，有功如幸。敬謀無壙，敬事無壙，敬吏無壙，敬衆無壙，敬敵無壙，夫是之謂五無壙。慎行此六術、五權、三至，而處之以恭敬無壙，夫是之謂天下之將，則通於神明矣。」

【译文】

孝成王和临武君都说：「讲得好！请问做将帅的原则。」

荀卿先生说：「最大的智慧就是不要犹豫不决，最好的行为就是不犯过错，做得最漂亮的事就是不后悔。做事做到不后悔的境界为止，不能要求它一定成功。将帅对于军队的纪律、号召和军事命令，要严格执行而有权威；庆功奖赏和处罚，要坚定而守信用；军队驻扎的营垒

和军需仓库，要布置得周密而坚固； 部队的转移、发动、进攻和撤退，既要安全而稳重，又要紧张而迅速； 侦探敌情，观敌之变，既要隐蔽而深入，又要综合分析反复校验； 遭遇敌人或进行决战，一定要把行动建立在情况明确基础上的判断，千万不要在犹豫不定时发出行动的命令。这些可以称之谓做将帅的六条要领。 将帅不能为当将军而战而担忧自己会被罢免，不能急于求胜而忘了有可能失败，不能只对部下讲威严威风而导致轻视外敌，不能只看有利的一面而不顾有害的一面，军事部署要精细且考虑军需物资要留余地。 这些可以称之谓做将帅的五种心理权衡。 在三种情况下，作将帅的可以君命有所不受： 宁愿自己被君主所斩首也不能在考虑不周的情况下轻易出兵，宁愿自己被君主斩首也不能打那些没有把握取胜的仗，宁可严惩部下也不能让自己的军队去欺负老百姓，这可以称之谓将帅用兵打仗的三项最高原则。 凡是受命于君主而带兵打仗的事，将帅在三军既定，安排好各路各级军官，各种军需物资都齐备的情况下，将帅不能考虑君主是否会高兴，敌人是否会愤怒，不感情用事可以说是将帅的最高境界。 将帅一定要在战前深思熟虑，怀着严肃的敬畏之心，自始至终要慎重而且要始终如一，这可说是将帅最大的吉祥。 所有成功的事情一定都是怀着敬畏之情去做的事情，所有失败的事情也一定都是心有懈怠之情造成的； 敬畏胜过懈怠就吉利，懈怠胜过敬畏就灭亡； 冷静地深思熟虑胜过了情绪冲动，战争就会进行得顺利，情欲冲动胜过了冷静的深思熟虑就会遇到凶险。 进攻时要像防守一样不轻兵冒进，行军时要像开战一样毫不松懈，有了战功要怀着庆幸之情而不要骄傲自满。用敬畏之情对待军事布置而不要疏忽大意，用敬畏之情对待战事而不要疏忽大意，用敬畏之情对待部属而不要疏忽大意，用敬畏之情对待士兵而不要疏忽大意，用敬畏之情对待敌人而不要疏忽大意，这可以称之谓五种不能疏忽大意。 慎重地执行这六条要领，五种权衡，三项最高原则，并且用敬畏而不疏忽大意的态度来处理战争，就可称他为天下最好的举世无双的将帅，这样的将帅已经和神明相沟通了。」

【原文】

臨武君曰：「善！ 請問王者之軍制。」

孫卿子曰：「將死鼓，御死轡，百吏死職，士大夫死行列。 聞鼓聲而進，聞金聲而退； 順命爲上，有功次之。 令不進而進，猶令不退而退也，其罪惟均。 不殺老弱，不獵禾稼，服者不禽，格者不舍，犇命者不獲。 凡誅，非誅其百姓也，誅其亂百姓者也。 百姓有扞其賊，則是亦賊也。 以故順刃者生，蘇刃者死，犇命者貢。 微子開封於宋，曹觸龍斷於軍，殷之服民，所以養生之者也，無異周人。 故近者歌謳而樂之，遠者竭蹷而趨之，無幽閒辟陋之國，莫不趨使而安樂之，四海之內若一家，通達之屬莫不從服，夫是之謂人師。《詩》曰：『自西自東，自南自北，無思不服。』此之謂也。王者有誅而無戰，城守不攻，兵格不擊。 上下相喜則慶之。 不屠城，不潛

軍，不留衆，師不越時。故亂者樂其政，不安其上，欲其至也。」

臨武君曰：「善！」

【译文】

临武君说：「说得好！请问称王天下者的军事纪律。」

荀卿先生说：「将军牺牲在他的战鼓旁，驭手死在他的战车上，各级军校以身殉职，战士死在战阵中。听见战鼓就前进，听见钲铙就后退；服从命令最重要，取得战功在其次；命令不准前进却冲锋，就像命令不准后退却败退是一样的，他们不服从军令的罪过相同。战争中不准杀害年老体弱的，不准践踏庄稼，对害怕而逃的敌人既不追赶也不擒拿，对敢于抵抗的敌人决不放过，跑来逃命的不能拿他当俘虏。所有战争都要讨伐杀戮，但并不是去杀戮那里的老百姓，而是去诛杀扰乱百姓正常生活的人；百姓中如果有人敢于保护贼人，他也就是乱贼。因为我们是正义之师。所以，闻风而逃的就让他活命，敢于抵抗的就把他杀死，前来投顺的就要赦免罪行。微子启归顺周朝而被封在宋国；曹触龙负隅顽抗而被斩首军中；商王朝降服周朝的民众，他们的生活和周人没有什么两样。所以，近处的人歌颂周朝且乐于生活于周的统治之下，远处的人都不远千里跌跌撞撞地来投奔周朝，即使是幽隐闭塞偏僻落后国家的人，也无不前来归附听命并且过上了安乐的生活，四海之内就像一个大家庭，凡是道路能到的地方，没有谁不服从，这就可以称作是正义之师了。《诗经》上说：『自南到北，从西到东，没有哪个不服从。』说的就是这种情况。称王天下的君主，只有讨伐而没有攻战，敌城坚守不攻打，敌军顽抗就撤兵，敌国上下相亲相爱，我们就为他们庆贺；不摧毁城郭屠杀居民，不秘密出兵搞偷袭，正义的军队不长期占领攻打下来的地方，军队出征不超过预定的时日。正因为这样，政治混乱国家中的人民都喜爱这样的政治生活，他们不爱自己的君主，都希望能得到这样的君主来自己这里治理。」

临武君说：「说得好！」

【原文】

陳囂問孫卿子曰：「先生議兵，常以仁義爲本。仁者愛人，義者循理，然則又何以兵爲？凡所爲有兵者，爲爭奪也。」

孫卿子曰：「非女所知也。彼仁者愛人，愛人，故惡人之害之也；義者循理，循理，故惡人之亂之也。彼兵者，所以禁暴除害也，非爭奪也。故仁人之兵，所存者神，所過者化；若時雨之降，莫不說喜。是以堯伐驩兜，舜伐有苗，禹伐共工，湯伐有夏，文王伐崇，武王伐紂，此四帝兩王，皆以仁義之兵行於天下也。故近者親其善，遠方慕其德；兵不血刃，遠邇來服；德盛於此，施及四極。《詩》曰：『淑人君子，其儀不忒。』此之謂也。」

【译文】

陈嚣问荀卿说：「先生讨论用兵，经常论及仁义并把仁义作为用兵的根本。仁者爱人，义者循理，既然这样，那为什么还要用兵呢？凡是需要动用军队的，都是为了争夺啊！」

荀卿先生说：「这道理你不懂啊！好一个仁者爱人，正因为爱人，所以才憎恨有人害人；好一个义者循理，正因为循理，所以才憎恨有人搞乱它。运用军队是为了禁暴除害，这并不是争夺啊。所以，正义之师驻扎在哪里，哪里就会得到出神入化的治理，正义之师经过哪里，哪里就会受到教育感化；正义之师就像及时雨，没有人会不欢喜。因此，尧讨伐驩兜，帝舜讨伐三苗，禹讨伐共工，汤讨伐夏桀，周文王讨伐崇国，周武王讨伐商纣，这四帝两王都是通过正义之师驰骋于天下。所以，近处的人们喜爱它的善良，远方的人们仰慕它的道义；兵不血刃，远近归服；德行伟大到这种地步，他们将恩德遍施四方，功德无量啊。《诗经》上说：『正人君子讲仁义，坚持正义讲真理。』说的就是这种情况啊。」

【原文】

李斯問孫卿子曰：「秦四世有勝，兵彊海内，威行諸侯，非以仁義爲之也，以便從事而已。」

孫卿子曰：「非女所知也。女所謂便者，不便之便也。吾所謂仁義者，大便之便也。彼仁義者，所以修政者也，政修則民親其上，樂其君，而輕爲之死。故曰：『凡在於軍，將率，末事也。』秦四世有勝，諰諰然常恐天下之一合而軋己也，此所謂末世之兵，未有本統也。故湯之放桀也，非其逐之鳴條之時也，武王之誅紂也，非以甲子之朝而後勝之也，皆前行素修也，此所謂仁義之兵也。今女不求之於本而索之於末，此世之所以亂也。」

【译文】

李斯问荀卿先生说：「秦国四代都有胜利成果，四海之内兵力最强，权威扩张到诸侯各国，但秦国并不是依靠仁义进行战争，而只是根据实用原则攻城掠地罢了。」

荀卿先生回答说：「这道理不是你能弄懂的。你所说的实用，是一种并不适用的实用。我所说的仁义，才是极为适用的实用。仁义是用来搞好政治的；政治搞好了，民众就会亲近自己的君主，喜爱自己的君主，就不会在乎为国牺牲。所以说：『所有关于军队的事，将帅是次要的。』秦国连续四代节节胜利，却依然常常提心吊胆，唯恐天下各国团结起来蹂躏自己，这就是人们所说的衰乱时代的军队，抓不住政治的基本要领。从前商汤流放夏桀，并不只是在他被驱逐到鸣条的时候；武王诛杀殷纣王，并不是甲子日早晨一下子就战胜了他。他们都是靠了此前的措施和平时的治理，这就是我所说的正义之师。现在你不从根本上看问题而只是在细枝末节看问题，这就是社会混乱的原因呀。」

【原文】

禮者，治辨之極也，彊國之本也，威行之道也，功名之總也。王公由之，所以得天下也；不由，所以隕社稷也。故堅甲利兵不足以爲勝，高城深池不足以爲固，嚴令繁刑不足以爲威。其道則行，不由其道則廢。

【译文】

礼，是治理社会的最高准则，是使国家强盛的根本措施，是权威得以扩张的有效办法，是功业名声得以成就的基本要领。天子诸侯遵行它，所以就能取得天下；不遵行它，就会失去社稷国家。所以，坚固的铠甲和锋利的兵器不足以用来取胜，高耸的城墙和深挖的护城河不足以用来固守，严格的命令和繁多的刑罚不足以用来成就权威。遵行礼义就能成功，不遵行礼义就会失败。

【原文】

楚人鮫革犀兕以爲甲，鞈如金石；宛鉅鐵釶，慘如蠭蠆；輕利僄遬，卒如飄風。然而兵殆於垂沙，唐蔑死，莊蹻起，楚分而爲三四。是豈無堅甲利兵也哉？其所以統之者非其道故也。汝、潁以爲險，江、漢以爲池，限之以鄧林，緣之以方城，然而秦師至而鄢、郢舉，若振槁然。是豈無固塞隘阻也哉？其所以統之者非其道故也。紂刳比干，囚箕子，爲炮烙刑，殺戮無時，臣下懔然莫必其命，然而周師至而令不行乎下，不能用其民。是豈令不嚴，刑不繁也哉？其所以統之者非其道故也。

【译文】

楚国人用鲨鱼、犀牛皮编织成铠甲，坚硬得就像金属和石头一样；宛地出产的钢铁长矛，狠毒得就像蜂蝎的毒刺一样；士兵训练得行走快捷，疾如旋风。但是兵败垂沙，唐蔑阵亡；庄跻起兵造反，楚国分裂成三四块。这难道是因为没有坚固的铠甲和锋利的兵器吗？这是因为楚国治国不用礼义的缘故啊。楚国以汝水、颍水作天险，以长江、汉水为护河，邓地的山林作屏障，用方城山来环绕着保护自己，但秦军一到，鄢、郢被攻取，简直像摧枯拉朽一般。这难道是因为没有险阻的要塞吗？这是因为楚国治国不用礼义的缘故啊。商纣王将王子比干剖腹挖心，囚禁了贤臣箕子，设置了炮烙酷刑，随时随地可以杀人，臣下心惊胆战，一个个乖乖听命；但是周军一到，纣王的命令就贯彻不灵了。殷纣王这时再也不能驱使他的民众了。这难道是因为他的命令不严，刑罚不多吗？这是因为他治国不用礼义的缘故啊。

【原文】

古之兵，戈矛、弓矢而已矣，然而敵國不待試而詘。城郭不辨，溝池不抇，固塞不樹，機變不張。然而國晏然不畏外而明内者，無它故焉，明道而分鈞之，時使而誠愛之，下之和上也如影嚮。有不由令者然後誅之以刑。

故刑一人而天下服，罪人不郵其上，知罪之在己也。是故刑罰省而威流，無它故焉，由其道故也。古者帝堯之治天下也，蓋殺一人、刑二人而天下治。傳曰：「威厲而不試，刑錯而不用。」此之謂也。

【译文】

古代圣王的兵器，不过有戈矛和弓箭罢了，然而敌国还没等到使用就屈服了。他们的城墙不用整修，护城河也不用挖掘，要塞不用建，机变权诈不用施展。然而，他们的国家却平安无事，既不怕外敌而又繁荣昌盛。这没有什么别的原因，彰明了礼义而用名分来协调臣民，适时地动用臣民而又真诚地爱护臣民，臣民响应君主的号召却如影随形，应声而起。确实有人不遵从命令，然后才动用刑罚来惩处他。所以，惩罚一个人就天下全服了，罪犯也不怨恨他的君主，因为知道罪责在自己身上。那个时候，刑罚用得很少而权威性却很强，从而流布于四方。这没有什么别的原因，只是遵行礼义罢了。古时候帝尧治理天下，总共只杀了一个人，惩罚了两个人，但天下却治理好了。古书上说：「权柄高悬不须用，刑具摆好从不动。」说的就是这个道理啊。

【原文】

凡人之動也，爲賞慶爲之，則見害傷焉止矣。故賞慶、刑罰、埶詐不足以盡人之力，致人之死。爲人主上者也，其所以接下之百姓者，無禮義忠信，焉慮率用賞慶、刑罰、埶詐除阨其下，獲其功用而已矣。大寇則至，使之持危城則必畔，遇敵處戰則必北，勞苦煩辱則必犇，霍焉離耳，下反制其上。故賞慶、刑罰、埶詐之爲道者，傭徒粥賣之道也。不足以合大衆，美國家，故古之人羞而不道也。故厚德音以先之，明禮義以道之，致忠信以愛之，尚賢使能以次之，爵服慶賞以申之，時其事、輕其任以調齊之，長養之，如保赤子。政令以定，風俗以一，有離俗不順其上，則百姓莫不敦惡，莫不毒孽，若祓不祥，然後刑於是起矣。是大刑之所加也，辱孰大焉？將以爲利邪？則大刑加焉！身苟不狂惑戇陋，誰睹是而不改也哉！然後百姓曉然皆知修上之法，像上之志，而安樂之。於是有能化善、修身、正行、積禮義、尊道德，百姓莫不貴敬，莫不親譽，然後賞於是起矣。是高爵豐祿之所加也，榮孰大焉？將以爲害邪？則高爵豐祿以持養之。生民之屬，孰不願也？雕雕焉縣貴爵重賞於其前，縣明刑大辱於其後，雖欲無化，能乎哉？故民歸之如流水，所存者神，所爲者化而順，暴悍勇力之屬爲之化而愿，旁辟曲私之屬爲之化而公，矜糺收繚之屬爲之化而調，夫是之謂大化至一。《詩》曰：「王猶允塞，徐方既來。」此之謂也。

【译文】

大凡人们的行动，为了赏赐和表扬就会去做，一看对自己有损害就罢手不干了。所以赏赐

表扬、行刑处罚、权谋诡诈这一套不足以让人们全力以赴，献出生命。现在为人君的人，用来对待下面老百姓的，其中没有礼义忠信，大抵只是使用赏赐表扬、行刑处罚、权谋诡诈来控制臣民，获得他们的功用罢了。这样，如果强大的敌寇来了，让他们去守危城，就一定会叛变；让他们去抵抗敌人进行战斗，就一定会败北；让他们费劲苦力干纷繁下贱的事，就一定会逃跑。他们涣散逃离背叛君主，就等于臣民反过来制裁了他们的君主。所以，赏赐表扬、行刑处罚、权谋诡诈这一类做法，实际上是受雇赚钱出卖气力的交换法则。这种法则不足以团结大众，美化风俗，所以古圣王以之为耻而不用。他们提高道德声誉来为人民作表率，彰明礼制道义来为人们作指导，致力于忠诚守信以便给人带来关爱。然后才崇尚贤德，任用能人，规划爵位服饰，明确表扬赏赐以激励人们；按季节安排劳动，减轻人们负担，并能公平协调，抚慰养育人们，对民众就像保护初生的婴儿一样的无微不至。政策法令已经确定，风气习俗已经协调，如果还有人违背习俗而不顺服自己的君主，百姓们就会对他无人不怨恨无人不讨厌，谁都把他当祸害，人人视之如妖孽，像要想祛除魔鬼一样。在这种情况下，刑罚就产生了。那些人就是刑罚所惩处的对象，哪还有比这更大的耻辱呢？你不是想要违背习俗不服君主取巧图利吗？但结果却是重刑加身！假如他不是一个疯子、糊涂虫和愚蠢浅陋的笨家伙，谁看到这种下场还会不悔过自新呢？于是，百姓就都清楚明白地知道，要遵从君主的法令，学习君主的榜样而安于秩序，快乐生活。于是，如果有人能化于善良，修养身心，端正行为，持续奉行礼义，尊崇道德风尚，百姓们就会对

他人人尊重敬慕，个个亲近赞美，然后奖赏就这样产生了。这些人一旦成为高官厚禄所奖赏的对象，哪还有比这更加光荣的呢？你还以为不违背习俗不对抗君主有害吗？可是你已经正在享受着高官厚禄的抚养了呀！只要他还是人，有谁会不愿意过高官厚禄的生活呢？再清楚明白不过了，高贵的官爵和优厚的奖赏摆在面前，带罪示众的惩罚作为最大的耻辱放在后面，即使你想要他们不变好，可能么？所以，民众归附君主就像千条江河奔大海一样，君主所到之处秩序井然出神入化，君主举手投足人们感激涕零心悦诚服。其结果是，残暴凶狠和胆大强壮的那类人都因感化而变得忠厚老实，偏颇邪僻和巧诈偏私的那类人都因感化而变得大公无私，傲慢尖刻和争抢纠缠的那类人都因感化而变得和气温顺，这就叫做通过伟大的教化实现最高的统一。《诗经》上说：「王道伟大化四海，徐国都已来朝拜。」这就是刚才所说的情形。

【原文】

凡兼人者有三術：有以德兼人者，有以力兼人者，有以富兼人者。

彼貴我名聲，美我德行，欲爲我民，故辟門除涂以迎吾入。因其民，襲其處，而百姓皆安，立法施令莫不順比。是故得地而權彌重，兼人而兵俞彊，是以德兼人者也。

非貴我名聲也，非美我德行也，彼畏我威，劫我埶，故民雖有離心，不敢有畔慮。若是，則戎甲俞衆，奉養必費。是故得地而權彌輕，兼人而兵

俞弱，是以力兼人者也。

非貴我名聲也，非美我德行也，用貧求富，用飢求飽，虛腹張口來歸我食。若是，則必發夫掌窌之粟以食之，委之財貨以富之，立良有司以接之，已朞三年，然後民可信也。是故得地而權彌輕，兼人而國俞貧。是以富兼人者也。

故曰：以德兼人者王，以力兼人者弱，以富兼人者貧。古今一也。

【译文】

大凡兼并他国有三种方法：有依靠德行去兼并他国的，有凭借暴力去兼并他国的，有靠了财富去兼并他国的。

那个国家的民众景仰我的名声，赞美我的德行，想做我的下民，打开国门，清除道路迎我进城。我依靠这些民众，沿用他国的宫殿，百姓都安然无事，没有不服从我制定的法律和颁布的命令。这样，得到土地后权更大，兼并别国兵更强。这就是凭着德行去兼并别国。

该国人民并不景仰我的名声，也不是赞赏我的德行；只是害怕我的威武，迫于我的势力，虽然心中想脱离我，却不敢有背叛打算。这样，部队越来越多，军费开支也必然越来越大。所以，占领土地越多而权势越轻，掌管的人越多兵力就越弱。这是依靠暴力去兼并别国。

该国人民并不是景仰我的名声，也不是赞赏我的德行，而是因为贫穷而想追求富裕，因为饥饿而想吃饱。这样的话，他们空着肚子张着嘴来投奔我，就是为了能吃上饭。这样的话，你就必须发放国库里的粮食来供养他们，给他们事做以便使他们富足，委任好的官吏来管理他们。这要等三年之后，才能赢得这些人的信任。所以，占领了土地而权势更轻，兼并了别国，国家却越来越贫穷。这是依靠财富去兼并别国。

所以说：靠德行兼并他国的可以称王，凭借暴力兼并别国的反而更衰弱，靠了财富兼并他国的，国家会变得更贫穷。这在古往今来都是一样的。

【原文】

兼并易能也，唯堅凝之難焉。齊能并宋而不能凝也，故魏奪之。燕能并齊而不能凝也，故田單奪之；韓之上地，方數百里，完全富足而趨趙，趙不能凝也，故秦奪之。故能并之而不能凝，則必奪；不能并之又不能凝其有，則必亡。能凝之，則必能并之矣。得之則凝，兼并無彊。古者湯以薄，武王以滈，皆百里之地也，天下爲一，諸侯爲臣，無它故焉，能凝之也。故凝士以禮，凝民以政。禮修而士服，政平而民安。士服民安，夫是之謂大凝，以守則固，以征則彊，令行禁止，王者之事畢矣。

【译文】

兼并他国容易做到，只是巩固它，让人们团结一致为己所用却很难。齐国能够兼并宋国，但

不能凝聚人心，所以被田单夺了回去。韩国的上党地区，方圆几百里，城池完备，府库充足而投奔赵国，赵国不能凝聚人心，所以被秦国夺走。所以，能兼并他国的土地而不能凝聚人心，就一定会被夺走；不能兼并他国又不能凝聚自己国家的人心，就一定会灭亡。如果能团结凝聚自己的国家，也就一定能兼并别国了。古代商汤得到土地并能团结当地的人民，那是真正的强大，再去兼并他国土地就会无往不胜。古代商汤凭借亳，周武王凭借镐，都不过是方圆百里之地，结果全天下都被他们统一了，其他邦国成了他们的臣属，这没有什么别的原因，而是因为他们能团结土地上的人民。凝聚士人之心要依靠礼义，凝聚民众之心要依靠治理。礼义搞好了，士人就会归服；政治清明，民众就安定。士人归服，民众安定，这可以称之谓大团结。靠它来守卫就牢不可破，靠它来征战就强大无比，有令必行，有禁必止，称王天下者的事业就完成了。

【原文】

彊國篇第十六

刑範正，金錫美，工冶巧，火齊得，剖刑而莫邪已。然而不剥脱，不砥厲，則不可以斷繩。剥脱之，砥厲之，則劙盤盂，刎牛馬忽然耳。彼國者，亦彊國之剖刑已。然而不教誨，不調一；則入不可以守，出不可以戰。教誨之，調一之，則兵勁城固，敵國不敢嬰也。彼國者亦有砥厲，禮義節奏是也。故人之命在天，國之命在禮。人君者，隆禮尊賢而王，重法愛民而霸，好利多詐而危，權謀傾覆幽險而亡。

【译文】

如果模子平正，铜、锡的质量好，冶炼工人技艺高明，火候和配料得当，一打开模子，莫邪宝剑就铸成了。但如果不除去表面的皮渣，不加以磨砺，它就连根绳子也割不断。除去硬皮渣，再好好地磨砺，即使砍削铜器，宰牛杀马也轻快如飞。所有的国家，都是强国刚出模子时的毛坯。如果不进行教化，不让全国上下协调一致；国家内部的安全且不能得以保障，更谈不上出国作战了。如果加强教化，让全国上下协调一致，就会兵力强劲，城防牢固，使敌国不敢轻易冒犯。国家也有自己的磨刀石，这就是国家的礼义法度。所以，人的命运取决于上天，国家的命运取决于礼义。作为国家的君主，如果能够推崇礼义，尊重贤人，就能称王天下；注重法治，爱护人民，就能称霸诸侯；爱财重利，谋诈欺骗，国家就会陷入危险。如果玩弄权术，阴暗险恶，国家就会灭亡。

【原文】

威有三：有道德之威者，有暴察之威者，有狂妄之威者。此三威者，不可不孰察也。禮樂則修，分義則明，舉錯則時，愛利則形。如是，百姓貴之如帝，高

之如天，親之如父母，畏之如神明。故賞不用而民勸，罰不用而威行。夫是之謂道德之威。

禮樂則不修，分義則不明，舉錯則不時，愛利則不形，然而其禁暴也察，其誅不服也審，其刑罰重而信，其誅殺猛而必，黭然而雷擊之，如牆厭之。如是，百姓劫則致畏，嬴則敖上；執拘則聚，得間則散；敵中則奪，非劫之以形埶，非振之以誅殺，則無以有其下。夫是之謂暴察之威。

無愛人之心，無利人之事，而日爲亂人之道；百姓讙敖，則從而執縛之，刑灼之，不和人心。如是，下比周賁潰以離上矣，傾覆滅亡可立而待也。夫是之謂狂妄之威。

此三威者，不可不孰察也。道德之威成乎安彊，暴察之威成乎危弱，狂妄之威成乎滅亡也。

【译文】

权威有三种：有道德性权威，有暴力性权威，有狂傲型的权威。对于这三种权威，不能不仔细考察。

礼制音乐完善，名分道义明确，政治措施合时宜，爱护造福人民且有具体措施。这样，百姓尊重他就像敬畏上帝，景仰他就像景仰上天，亲近他会像亲近自己的父母一样，对他敬若神明。

于是，不用奖赏民众就卖力，不用刑罚权威就能扩张。这就叫做道德性权威。

礼制音乐不完善，名分道义不明确，政治措施不合时宜，爱护造福人民的事不能落实，但他禁止暴行很明察，对不服的人惩处很审慎，刑罚从重但守信用，处决犯人严厉而坚决，说干就干雷厉风行，排山倒海摧枯拉朽。这样的结果，百姓在胁迫之下会心怀畏惧，一旦放松强制，就会傲视君主；强行集中就聚在一起，一有机会就四散逃跑；敌人来进攻的时候没有战斗力，因为只要不在权势的胁迫之下，不用惩罚杀戮加以震慑，就会失去对臣民的控制。这就叫做暴力性的权威。

没有爱护人民的情怀，不做有益于人民的事，一天到晚搞一些扰民的歪门邪道；百姓敢有怨声载道的，就动用暴力手段逮捕他们，动辄加之以烧灼之刑，而不去和顺民心。于是乎，臣民结伙逃散，远离君主而去。这样的国家离垮台灭亡就不远了，你就等着瞧吧。这可以称之谓狂傲型的权威。

这三种权威，是不可不仔细考察的。道德性权威会在安定强盛中发展起来，暴力性权威会在危险衰弱中渐渐垮掉，狂傲型权威不免于灭亡的命运。

【原文】

公孫子曰：「子發將西伐蔡，克蔡，獲蔡侯，歸致命曰：『蔡侯奉其社稷而歸之楚，舍屬二三子而治其地。』既，楚發其賞，子發辭曰：『發誠

布令而敵退，是主威也；徙舉相攻而敵退，是將威也；合戰用力而敵退，是衆威也。臣舍不宜以衆威受賞。』」

譏之曰：「子發之致命也恭，其辭賞也固。夫尚賢使能，賞有功，罰有罪，非獨一人爲之也，彼先王之道也。一人之本也，善善惡惡之應也，治必由之，古今一也。古者明王之舉大事，立大功也，大事已博，大功已立，則君享其成，羣臣享其功，士大夫益爵，官人益秩，庶人益禄。是以爲善者勸，爲不善者沮，上下一心，三軍同力，是以百事成而功名大也。今子發獨不然，反先王之道，亂楚國之法，墮興功之臣，恥受賞之屬，無僇乎族黨而抑卑其後世，案獨以爲私廉，豈不過甚矣哉！故曰：子發之致命也恭，其辭賞也固。」

【译文】

公孙先生说：「子发奉命带兵向西讨伐蔡国，攻克了蔡国，俘获了蔡圣侯，回来后向楚宣王汇报说：『蔡侯献出了他的国家而把它送给了楚国，我景舍已委派几个人在治理他的领土。』事后，楚宣王给他发奖，子发推辞说：『一发出警告颁布命令，敌人就害怕了，这是君主的威望；一调军队去攻打，敌人就退却，这是将领的威风；奋力作战后敌人才败退，这是战士们的威力。我景舍不该凭战士们的威力受到奖赏。』」

荀卿指责此事说：「子发的汇报倒是谦恭有礼，可推辞奖赏却是鄙陋无知的。不过，推崇贤人，使用能人，赏有功而罚有罪，这不单单是某一个人的事，而是古圣王的政治原则。使人民统一行动的根本措施，就是通过奖善罚恶对善恶之行作出反应，治理国家一定要遵循这一原则，古今一理。古代英明的帝王一旦要办大事，建立大功业，在大事已经完成，大功已经建立的时候，君主享有这一成果，群臣就分享他的功劳，士大夫加官晋爵，大官小吏增加俸禄，普通士兵增添粮饷。这样做的结果，做好事的受鼓励，做坏事的被制止，上下团结一心，三军共同努力，这才会使各种事业都成功而功业卓著，声名远播。现在子发偏不这样，他违反古圣王的政治原则，扰乱楚国法令，使建功立业的臣子懈怠，受奖赏的人惭愧；即使不使他的家族蒙受羞辱，也会使自己的后代受到压抑，只为他自己窃取了廉洁的美誉，这错误难道犯得还不够大吗？所以我认为：子发汇报得倒是谦恭有礼，可推辞奖赏却是鄙陋无知的。」

【原文】

荀卿子説齊相曰：「處勝人之埶，行勝人之道，天下莫忿，湯、武是也；處勝人之埶，不以勝人之道，厚於有天下之埶，索爲匹夫不可得也，桀、紂是也。然則得勝人之埶者，其不如勝人之道遠矣。夫主相者，勝人以埶也。是爲是，非爲非，能爲能，不能爲不能，併己之私欲，必以道夫公道通義之可以相兼容者，是勝人之道也。今相國上則得專主，下則得專

國，相國之於勝人之埶，亶有之矣。然則胡不驅此勝人之埶赴勝人之道，求仁厚明通之君子而託王焉？與之參國政，正是非？如是，則國孰敢不爲義矣？君臣上下，貴賤長少，至於庶人，莫不爲義，則天下孰不欲合義矣？賢士願相國之朝，能士願相國之官，好利之民莫不願以齊爲歸，是一天下也。相國舍是而不爲，案直爲是世俗之所以爲，則女主亂之宫，詐臣亂之朝，貪吏亂之官，衆庶百姓皆以貪利爭奪爲俗，曷若是而可以持國乎？今巨楚縣吾前，大燕鰌吾後，勁魏鉤吾右，西壤之不絶若繩，楚人則乃有襄賁、開陽以臨吾左。是一國作謀，則三國必起而乘我。如是，則齊必斷而爲四，三國若假城然耳，必爲天下大笑。曷若？兩者孰足爲也？

夫桀、紂，聖王之後子孫也，有天下者之世也，埶籍之所存，天下之宗室也，土地之大，封内千里，人之衆數以億萬；俄而天下倜然舉去桀、紂而犇湯、武，反然舉惡桀、紂而貴湯、武，是何也？夫桀、紂何失而湯、武何得也？曰：是無它故焉，桀、紂者，善爲人所惡也；而湯、武者，善爲人所好也。人之所惡何也？曰：汙漫、爭奪、貪利是也。人之所好者何也？曰：禮義、辭讓、忠信是也。今君人者，辟稱比方則欲自竝乎湯、武；若其所以統之，則無以異於桀、紂；而求有湯、武之功名可乎？故凡得勝

者必與人也；凡得人者必與道也。道也者何也？曰：禮讓忠信是也。故自四五萬而往者彊勝，非衆之力也，隆在信矣；自數百里而往者安固，非大之力也，隆在修政矣。今已有數萬之衆者也，陶誕、比周以爭與；已有數百里之國者也，汙漫、突盜以爭地。然則是棄己之所安彊，而爭己之所以危弱也。損己之所不足，以重己之所有餘；若是其悖繆也，而求有湯、武之功名可乎？辟之是猶伏而咶天，救經而引其足也，説必不行矣，愈務而愈遠。爲人臣者，不恤己行之不行，苟得利而已矣，是渠衝入穴而求利也，是仁人之所羞而不爲也。故人莫貴乎生，莫樂乎安；所以養生安樂者莫大乎禮義。人知貴生樂安而棄禮義，辟之是猶欲壽而歾頸也，愚莫大焉。故君人者愛民而安，好士而榮，兩者無一焉而亡。《詩》曰：『价人維藩，大師維垣。』」此之謂也。

【译文】

荀卿劝说齐相国道：「处于制服别人的地位，推行制服别人的方略，天下没有人怨恨，这就是商汤、周武王；处于制服别人的地位，不采用制服别人的方略，强大得拥有统治天下的权势，但想做个平民百姓也不可得的，这就是夏桀和殷纣王。然而拥有制服别人的权势地位，远不及推行制服别人的方略更为重要。君主和相国是要靠权势来制服别人的。对就是对，错就是错，

有才能就是有才能，没才能就是没才能，摒弃自己的个人欲望，一定要推行那些并行而不悖的公正原则和普适性真理，这就是制服别人的大政方略。现在相国您独得君主的宠信，独揽国家行政大权，确实已经拥有了制服他国的权势地位。既然如此，为什么不驾驭着制服他国的权势，推行制服他国的大政方针呢？为什么不寻找仁慈忠厚明智通达的君子而把他推荐给齐王呢？既然是您和齐王一起处理国家政务，判定是非，那么，齐国还有谁敢不遵行道义呢？君主与臣子，上级与下级，高贵的与卑贱的，年长的与年少的，一直到平民百姓，如果没有人不遵行道义，全天下还有谁不想汇集到这一遵道行义的齐国来的呢？贤德的人士向往着您所在的朝廷，有才能的人士希望在您的管理下为官，好利的民众，没人不想把齐国作为自己的归宿，这已经是在统一天下了。相国您如果放弃这样的大政方针而不大有作为，只是随着社会潮流随波逐流，那么，齐王后和太后之类的女人就会在后宫添乱，奸诈之臣就会在朝廷上胡来，贪官污吏就会在官府捣乱，在广大人民群众中间，就会形成贪图私利你争我夺的习俗，哪有这样能维持一个国家的呢？现在，庞大的楚国就像一把利剑悬在齐国的面前，强大的燕国紧逼在齐国之后，强劲的魏国牵制着齐国的西面；齐魏接壤的领土虽然还属于齐国，却已经危险得像是吊在细绳上了；楚国领土已经到了襄贲、开阳，这两个城池监视在齐国的东面。在这种形势下，如果有一个国家出面策划，楚、魏、燕三国就必然会一起来欺凌齐国。到那个时候，齐国将一定会被分割成三四块，齐国对于自己的城池，事实上不过像是在替楚、魏、燕三国暂时管理着罢了，一定会受到天下人莫大的耻笑。相国您觉得怎么样呢？我上述的这两种治理方略，哪一种更可行呢？夏桀和殷纣王，是圣王的后裔子孙，是拥有天下统治权的天子继承人，是权势地位的占有者，是天下人所尊崇的帝王之家；领土之广大，畿内方圆千里；人口之众多，要用亿万来计；然而突然间天下所有的人却都远远地离开了桀、纣，而去投奔商汤、周武王了。一日之间天翻地覆，人们都开始憎恶桀、纣而尊崇商汤、周武王了，这是为什么呢？桀、纣为什么会失败而商汤、周武王为什么会成功呢？我可以告诉您：其实没什么，因为桀、纣二人，好做一些人们所讨厌的事，而商汤、周武王两个人，却好做一些让人们喜爱的事情。人们都讨厌什么呢？我可以说，讨厌污秽卑鄙，讨厌你争我夺，讨厌统治者唯利是图。人们都喜爱什么呢？我可以说，喜爱礼制道义，喜爱相互谦让，喜爱统治者忠诚守信。现在管着人民的君主，一说话就把自己比作商汤、周武王，想和人家并列；至于他们管理国家的大政方针，却和夏桀、商纣没什么不同。这样下来，想要取得商汤、周武王那样的功名伟业，怎么可能呢？所以，凡是获得胜利的，一定是他们顺从了人民的意愿；凡是得到人民拥护的，一定是遵循了正确的大政方针。这大政方针是什么呢？可以说，就是推行礼制道义，就是提倡谦恭辞让，就是要统治者忠诚守信。所以，只要拥有四五万人口的国家，就能够强大起来，取得胜利，因为这并不在于人多的力量，而在于提高诚信的地位！只要拥有百里领土的国家，就能够安定稳固，因为这并不在于国土广阔的力量，重要的在于处理好各种政务！现在的齐国，已经是拥有着几万人的国家，却只是用招摇撞骗、拉拢勾结

的办法争取盟国；齐国已经拥有了方圆几百里的土地，却只是用肮脏卑鄙、强取豪夺的办法争夺土地。这就等于是抛弃了能让自己安定强盛的大政方针，而抢着使用那些让自己危险衰弱的办法。减损自己本来就缺少的东西，而增加自己原本多余的东西；如此地错乱荒谬，却还想拥有商汤、周武王那样的功名伟业，怎么可能呢？打个比方，这就像是趴在地上去舔天，想救上吊的人，却往下拉他的脚。这种主张是一定行不通的，越是努力就会离目标越远。做臣子的，不想想自己的行为是否正确，只图得到利益就行了，这就像是用冲城车钻地道攻城，却还想取得胜利一样，讲求仁德的人是会羞而不为的。对人来说，没有什么东西比生命更宝贵，没有什么比安定更快乐；所以，要想保养生命，取得安乐，没有比遵行礼义更重要的了。人们都知道珍重生命，喜爱安定的生活，但却抛弃了礼义；打个比方，这就好像一个人想长寿却割自己的脖子一样，没有比这再愚蠢的了。所以，管理着人民的君主，要通过爱护人民而得到安宁，通过喜爱士人来获取荣耀。如果这两者一样都没有，他就会灭亡。《诗经》上说：『贤士是屏障，大众是围墙。』」说的就是这个道理。

【原文】

力術止，義術行。曷謂也？

曰：秦之謂也。威彊乎湯、武，廣大乎舜、禹，然而憂患不可勝校也，諰諰然常恐天下之一合而軋己也，此所謂力術止也。

曷謂乎威彊乎湯、武？

湯、武也者，乃能使説己者用耳。今楚父死焉，國舉焉，負三王之廟而辟於陳、蔡之閒，視可、司閒，案欲剡其脛而以蹈秦之腹；然而秦使左案左，使右案右，是乃使讎人役也。此所謂威彊乎湯、武也。

曷謂廣大乎舜、禹也？

曰：古者百王之一天下，臣諸侯也，未有過封内千里者也。今秦南乃有沙羨與俱，是乃江南也，北與胡、貉爲鄰，西有巴、戎，東在楚者乃界於齊，在韓者踰常山乃有臨慮，在魏者乃據圉津，即去大梁百有二十里耳，其在趙者剡然有苓而據松柏之塞，負西海而固常山，是地徧天下也。威動海内，彊殆中國，然而憂患不可勝校也，諰諰然常恐天下之一合而軋己也，此所謂廣大乎舜、禹也。

然則奈何？

曰：節威反文，案用夫端誠信全之君子治天下焉，因與之參國政，正是非，治曲直。聽咸陽，順者錯之，不順者而後誅之。若是，則兵不復出於塞外而令行於天下矣；若是，則雖爲之築明堂於塞外而朝諸侯，殆可矣。假今之世，益地不如益信之務也。

【译文】

李斯问：暴力行不通，礼义要倡行。这话说的是什么意思呢？

回答说：说的是秦国。秦国兵力比汤、武还威强，秦国领土比舜、禹还广大，但忧患多得不可胜数，整天提心吊胆，唯恐天下各国团结一致来蹂躏自己，这就是我所说的暴力行不通。

那为什么又说秦国比汤、武还威强呢？

回答说：商汤和周武王，只能让喜爱自己的人听使唤罢了。而现在楚王的父亲客死秦国，楚国的国都被秦国攻克，楚王只得背着先王的神主牌位躲避在陈、蔡之间，观察适宜之时，窥测可乘之机，随时想抬脚就踏入秦国的腹地；但是秦国让他向左就向左，让他向右就向右，这是能让仇敌为自己所役使。这就是我所说的比汤、武还威强。

为什么说比舜、禹还广大呢？

回答说：古时侯各代帝王统一天下，臣服诸侯，国土没有超过方圆上千里的。现在，秦国在南面占有了沙羡及其周围地区，这已经到了长江之南；北边与胡、貉相邻；西面占有了巴、戎；而在东面，它所占领的楚国土地已经和齐国交界，韩国的秦军已经越过常山而占有了临虑，魏国的秦军占据了圉津，离都城大梁只有一百二十里了，赵国的秦军大刀阔斧地占有了灵丘而盘踞在松柏从的要塞上，背着西海而扼守常山：这已经是领土遍天下了。秦国威震天下，超过了中原各国，但是忧患不可胜数，整天提心吊胆，唯恐天下各国团结一致来蹂躏自己。这就是我所说的比舜、禹还广大。

既然如此，那该怎么办呢？

回答说：节制武力，回到文治上来，任用正直忠诚守信完美的君子治理天下，并让他们参与国政，校正是非曲直。可以听政于咸阳，但顺从的国家就不要再进攻了，不顺从的话才去讨伐。果然如此，秦军不用再出边境就能政令行于天下了；若能这样，在边关以外为秦王建造明堂而让各国诸侯来朝拜，也庶几可行。当今之世，致力于增加领土不如致力于增加信用。

【原文】

應侯問孫卿子曰：「入秦何見？」

孫卿子曰：「其固塞險，形埶便，山林川谷美，天材之利多，是形勝也。入境，觀其風俗，其百姓樸，其聲樂不流汙，其服不挑，甚畏有司而順，古之民也。及都邑官府，其百吏肅然莫不恭儉、敦敬、忠信而不楛，古之吏也。入其國，觀其士大夫，出於其門，入於公門，歸於其家，無有私事也；不比周，不朋黨，倜然莫不明通而公也，古之士大夫也。觀其朝廷，其閒聽決百事不留，恬然如無治者，古之朝也。故四世有勝，非幸也，數也。是所見也。故曰：佚而治，約而詳，不煩而功，治之至也。秦類之矣。雖然，則有其諰矣。兼是數具有者而盡有之，然而縣之以王者之功名，則倜倜然

其不及遠矣。是何也？則其殆無儒邪！故曰：粹而王，駁而霸，無一焉而亡。此亦秦之所短也。」

【译文】

应侯问荀卿说：「你到秦国看见了什么？」

荀卿说：「秦国边塞险峻，地势便利，山林河流美好，自然资源既好又丰富，这是地形上的优越。进入国境，看秦地习俗，秦国百姓质朴淳厚，音乐不淫荡卑污，服装不轻薄妖艳，人们非常怕官府而顺从，真像是古圣王治下的民众。到了大小城镇的官府，那里的各种官吏都严肃认真，无不谦恭节俭，敦厚谨慎，忠诚守信而不粗疏草率，真像是古圣王治下的官吏。进入秦国国都，观察秦国士大夫，走出自己的家门，就走进官府的衙门，回到自己家里，没人有私下事务；他们不互相勾结，不拉党结派，卓然超群地一个个明智通达，廉洁奉公，真像是古圣王治下的士大夫。观察秦国朝廷，在秦王罢朝之后，百官理政效率很高，安闲得好像没什么事要做，真像是古圣王治理的朝廷。所以，秦国四代君王都能有所发展，并不是因为侥幸，而是有其必然性的。这就是我所见到的。所以说：安逸为官得治理，政令简要又详尽，政务不多成效好，政治境界为最高。秦国已经差不多达到这种境界了。即便如此，秦国仍有自己的忧惧啊。综合上述几个条件全都具备，但是用称王天下的功名标准来衡量，那简直是天南海北，相差很远呀。这是为什么呢？大概是因为秦国几乎没有儒者吧！所以说：道义纯粹能称王，义利兼顾能称霸，两者一样也没有，那样的国家要灭亡。这也是秦国的短处啊。」

【原文】

積微，月不勝日，時不勝月，歲不勝時。凡人好敖慢小事，大事至，然後興之務之。如是則常不勝夫敦比於小事者矣。是何也？則小事之至也數，其縣日也博，其爲積也大；大事之至也希，其縣日也淺，其爲積也小。故善日者王，善時者霸，補漏者危，大荒者亡。故王者敬日，霸者敬時，僅存之國危而後戚之。亡國至亡而後知亡，至死而後知死；亡國之禍敗不可勝悔也。霸者之善著焉，可以時託也；王者之功名不可勝日志也。財物貨寶以大爲重，政教功名反是，能積微者速成。《詩》曰：「德輶如毛，民鮮克舉之。」此之謂也。

【译文】

要善于积累微小的成果，按月积累不如每天积累，按季度积累不如月月积累，按年积累不如按季度积累。一般人喜欢轻视怠慢小事，等大事来了，然后才全力以赴努力去做。这样，就常常不如那些办小事也严肃认真的人了。这是为什么呢？因为小事来得频繁，它耗费的时间多，积累起来的成果也大；大事来得少，它需要的时间少，积累起来的成果也小。所以，那些珍惜每一天的君主能称王天下，善于按季度做事的君主能称霸诸侯，出了漏子再去补救的君主就有危

险，把所有的时间都荒废掉的君主就会灭亡。所以，称王天下的君主慎重地对待每一天，称霸诸侯的君主重视一年四季，勉强存在的国家，总是到陷入危险之后才忧戚不已。亡国之君要等到国家灭亡之后，才懂得国家会灭亡，这就像一个人临死的时候才知道人会死；亡国所造成的祸害和破坏，多到悔不胜悔呀！称霸诸侯的君主，他突出的政绩可以按季度来记录；称王天下的君主，他的功名伟业每天记录也记不全。财货宝贝是大的好，政教功名却与此相反，善于积累微小成果的君主才能得到成功。《诗经》上说：「道德轻得像毛发，民众很少能举它。」讲的就是这个道理。

【原文】

凡姦人之所以起者，以上之不貴義，不敬義也。夫義者，所以限禁人之爲惡與姦者也。今上不貴義，不敬義，如是，則下之人百姓皆有棄義之志，而有趨姦之心矣，此姦人之所以起也。且上者，下之師也。夫下之和上，譬之猶響之應聲，影之像形也。故爲人上者不可不順也。夫義者，內節於人而外節於萬物者也，上安於主而下調於民者也。內外上下節者，義之情也。然則凡爲天下之要，義爲本而信次之。古者禹、湯本義務信而天下治，桀、紂棄義倍信而天下亂，故爲人上者必將慎禮義，務忠信然後可。此君人者之大本也。

【译文】

大凡奸邪之人之所以产生，是因为君上不尊重道义，不敬畏道义。道义这种东西，是用来限制禁止人们为非作歹，行为奸诈的。现在君主不尊重道义，不敬畏道义，这样下去，臣下和老百姓就都有放弃道义的思想，而有趋奸附邪的心思了，这就是奸邪之人之所以产生的原因。况且，君主是臣民的师表。臣民附和君主，打个比方说，就好像回声应声而起，影子类似形体。所以，做君主的不能不慎重地对待道义。道义，内能调节人心而外能调节万物；是一种上能安定君主，下能使民众协调一致的东西。调节内外上下，使社会生活协调一致，这是道义的实质。因此，所有治理天下的要领归结起来就是，道义是根本，其次守信用。古代的夏禹、商汤立足于道义，致力于守信而天下大治；夏桀、殷纣抛弃道义，不守信用而天下大乱。所以，做君主的一定要慎重地对待礼制道义，致力于忠诚守信，然后才谈得上治理国家天下。这是做君主的最大根本啊！

【原文】

堂上不糞，則郊草不瞻曠芸；白刃扞乎胸，則目不見流矢；拔戟加乎首，則十指不辭斷。非不以此爲務也，疾養緩急之有相先者也。

【译文】

厅堂上都不打扫，郊外农田上的野草就更没有时间去锄了；寒光逼人的刀锋刺到了胸前，眼睛就顾不上去看飞来的暗箭了；迅速到来的戟架在头上，这时也就不顾十指被切断的危险，

而用手去挡了。这并不是人们不把田里的野草、射来的暗箭和砍下的手指当回事，而是因为痛和痒，缓和急之间有一个轻重缓急，先顾什么的问题。